「フラワーエッセンス」で夢を叶えるスピリチュアル起業

河津美希 著

セルバ出版

はじめに

フラワーエッセンスを使ってカウンセラーになりたい。すでにやっているカウンセリングやセッションの中にフラワーエッセンスを取り入れたいという夢を叶えたいあなたにむけてこの本を書きました。

私自身、フラワーエッセンスに出会ってから、人生がみるみる変わっていきました。私自身が人生の困難なとき、もっと寛容になりたいとき、もっと成長したいときにいちばん助けられてきました。もし、この小瓶に入っているお花の波動にであわなければ、今の私はいなかったでしょう。

フラワーエッセンスはボトル１本１本が高い振動数をもっています。エッセンスを長期間飲むことで自分自身が変わっていきます。

そして、フラワーエッセンスを飲むと大きな問題と思っていたことも、見方が自然と変わり前向きになれました。

だからこそ、自分の夢にも以前より集中できるようになっていきました。

心のあり方が変わることで、ネガティブな考えで長い間、立ち止まったり、同じ問題を繰り返すことがなくなっていきます。

私のカウンセラーとしての最初の第１歩はこの「感動」と「こんな素敵なものがあるよ」を伝えることからスタートしました。

まず家族や親しい友人に伝え、興味がある人にエッセンスをつくってあげて飲んでもらいました。飲んでも何もわからないという人もいましたが、そんな中から、「ほんとにフラワーエッセンスに助けられたよ。また欲しい」と喜ばれるようにもなり、だんだんフラワーエッセンスのカウンセラーになりたいと思うようになりました。フラワーエッセンスの世界に魅了され、次々と色んなブランドのフラワーエッセンスを学んでいきました。

この学びの中でスピリチュアルへの目覚めも同時にして、ヒーリング、サイキックやミディアム、アニマルコミュニケーターの能力にも目覚めていきました。

フラワーエッセンスで私自身、周りの人たちが癒され、元気づけられたことで、フラワーエッセンスの凄さは実感済みです。あなたも自信を持って、この魔法の小瓶のことを学んでスピリチュアル起業してください。そして、すでにスピリチュアル起業している方はやっているカウンセリングやセッションにこの小瓶を追加して使ってみてください。確実にクライアントさんに優しく変化が起きていきます。そして、まわりのあなたを必要としている人、存在に貢献していってください。

また、カウンセラーとしての夢も叶えていけますように。Ｈａｐｐｙ♡

河津　美希

２０２３年１月

「フラワーエッセンス」で夢を叶えるスピリチュアル起業　目次

第2章 カウンセリングを始める前に

第3章　カウンセラーとしての心の準備

第4章　カウンセラーへのアドバイス

第5章 カウンセリングするとき

第6章　色々なカウンセリング内容

第7章　カウンセラーとして大切なこと

第8章　カウンセリングの集客・価格・起業

第1章　フラワーエッセンスのカウンセラーになる前に

1　フラワーエッセンスとは

♡フラワーエッセンスとは

フラワーエッセンスとは、お花の波動がお水に転写された飲み物です。味も香りもしません（保存料のブランデーや食用グリセリンの味はします）。

フラワーエッセンスは7㎖〜30㎖ガラスのボトル（瓶）に入ったものです。

フラワーエッセンスの中味は、お花の波動だけが水に転写されたものが入っていて、お花の成分はハーブティーやアロマのエッセンシャルオイルのように入っていません。

成分が入っていないので、副作用がなく赤ちゃんからお年寄り、動物、植物まで安心して使うことができるものです。

そのために、お薬を飲んでいる人でもフラワーエッセンスを並行して飲んでも大丈夫です（ただ、必ず医師の診断を仰いでから飲んでください）。

そして、フラワーエッセンスは中毒にはなりませんので、いつでも何回でも飲んでもよく安全なものです。

♡フラワーエッセンスは肉体ではなく感情や心に作用

フラワーエッセンスを飲むと抱えている悩みを和らげ、癒してくれます。

そして、新しい考え方ができるようになったり、気づきが起きます。

フラワーエッセンスは短期的な感情を整える作用と、長期的に継続して飲むことで性格、気質の改善のサポートもできます。

フラワーエッセンスを日常生活に取り入れると、ネガティブな感情にいつまでも立ち止まらずに人生をよりよく変えるサポートをしてくれます。

フラワーエッセンスを飲むことで考え方に変化が起きるので、行動も変わってきて、人生そのものが変わってくるのです。

♡フラワーエッセンスの飲み方と飲む回数

フラワーエッセンスの飲み方はまず、朝晩は必ず飲んでください。

そして、１日に最低数回飲みます。

各ブランドによっておすすめの滴数が違うので確認して飲んでください。

フラワーエッセンスのボトルを開けて、スポイドから平均２〜４滴ほどを目安にしてください。

(1)　直接フラワーエッセンスをお口の中に入れる。
(舌にスポイドの先がつかないように注意してください)

(2)　何かの飲み物にフラワーエッセンスを入れて飲みます。

（飲み物の温度は冷たくても暖かくても気にしなくても大丈夫です）

また、強いネガティブな感情を感じていて、その感情がなかなか消えないときは、その感情が落ち着くまで５分～30分おきにフラワーエッセンスを飲んでも大丈夫です。

フラワーエッセンスは飲み始めたらある程度継続して飲むのがおすすめです。

期間は２週間から１か月を目安に飲みましょう。

また、フラワーエッセンスはただ飲むのでなく、「これを改善したい」と意識しながら飲むことをリヒトウェーゼンエッセンスの創始者のゲルハルド氏がおすすめしています。

そして、クライアントさんによってはフラワーエッセンスに対して感受性が強い人、またはそうではなく効果を感じにくい人もいます。

その場合はクライアントさんのチャクラを整えることでエッセンスの効果を感じてもらいやすくなる。

または、バッチフラワーレメディのホワイトチェストナットでクライアントさんのエネルギーをまず整えることを先にするのもおすすめです。

♡フラワーエッセンスがよく間違われるもの

フラワーエッセンスを「お花の療法」と言うと、お花の成分を飲むハーブティーや香りのアロマテラピーのエッセンシャルオイルと間違われます。

しかし、これらは植物の成分を取り入れるので、副作用や使う年齢、病気になっているときなどは禁忌事項もあります。

その点、フラワーエッセンスはつくり方でもわかるように成分が入っていないので、副作用や使う年齢、病気の人は飲めないなどの禁忌事項は基本的にはありません。

♡フラワーエッセンスのつくられ方

フラワーエッセンスをつくるのに理想的な日は雲ひとつない晴天のときです。時間は午前中が理想的です。

フラワーエッセンスをつくるには、まず、フラワーエッセンスになるお花を探します。開花したばかりの生き生きとしたお花が見つかったら、同じお花の茎の部分を使ってお花の部分だけを丁寧に摘みます。

次に、ガラスのボールにお水を８分目ぐらいまで入れます。

その中に摘んだお花を水面が見えなくなるまで浮かべます。

それを、太陽の下に２～３時間ほど置いて、お花の波動がお水に転写されるのを待ちます。

これで、フラワーエッセンスのできあがりです。

太陽の光でつくられるものをサンメゾット方式と言います。

このできあがったお水に、保存料のブランデーを同分量入れたものが市販されているフラワーエッセンスの元になるマザーエッセンスといわれるものです。

♡フラワーエッセンスを体系化したバッチ博士

フラワーエッセンスはイギリスのお医者様のエドワード・バッチ博士（1886〜1936年）によって体系化されました。

バッチ博士は細菌学者でホメオパシー医でありました。

英国でも医師のメインストリートと呼ばれる1等地の場所でクリニックを開業できる実力のある医師でした。

バッチ博士は患者の診断をしながら、もっと患者に優しい方法で癒せるお薬はないかと考えていたところ、自然界の植物から誰もが副作用なく、優しく作用し効果があるフラワーエッセンス38種類の開発をしました。

♡フラワーエッセンスは病名で選ばない

バッチ博士は「フラワーエッセンスを使うのに病名は必要ない。

大切なのは人がどのように病気の影響を受けているかを見ること」と言っています。

例えば、「お腹が痛いときのフラワーエッセンス」と選ぶのではなく、お腹が痛いことで、クライアントさんがどのような反応をしているかを観察し、そのエッセンスを的確に選んであげるのです。
ある人は病気になり怒っている、ある人は悲しんでいる。
そのようなクライアントさんのそれぞれの感情の状態をみてフラワーエッセンスを選びます。

2　クライアントさんにフラワーエッセンスを出す

♡クライアントさんにフラワーエッセンスを出す方法

クライアントさんにフラワーエッセンスを出すのに一般的には、

(1)　クライアントさんには原液のボトルを購入してもらう方法（ストックボトルともいいます）。

(2)　トリートメントボトルをつくってあげる方法があります。

基本的なカウンセリングはカウンセラーが原液のボトルのセットを持っていて、クライアントさんの相談内容に合わせてトリートメントボトルをつくってあげます。

（カウンセラー自身も頻繁に飲むフラワーエッセンスや、数種類のフラワーエッセンスを１度に飲みたいときにはトリートメントボトルをつくりましょう）

トリートメントボトルとは原液から直接飲むのではなく、フラワーエッセンスを別の空ボトルに１本～数種類混ぜて希釈した物のことです。

♡トリートメントボトルのつくり方

希釈方法は空ボトルにお水と保存料のブランデーを混ぜてつくります。

ボトルの中に保存料のブランデーを3分の1入れます。そして、残りはお水を入れます。

その中にフラワーエッセンスを2滴～7滴ほど入れて希釈します。

保存料に使うブランデーはアルコール度数40度以上が好ましいとされています。より効果を得たいと思ってフラワーエッセンスのおすすめ滴数以上入れても効果は変わりません。

そして、トリートメントボトルをつくるときはブレンドする本数は最高7本以内までにしましょう。


ブレンド本数は3、4本までが理想的です。

また、トリートメントボトルは2週間以内に飲みきりましょう。

夏場や梅雨時期は特に衛生面のことを考えてブランデーの量を増やしたり、少量をこまめにつくって10日程を目安に飲みきるようにしてください。

ブランデーが苦手な人や病気、アルコールを控えている人は植物性のグリセリンを使ってください。味の好みはありますが、お酢を保存料に使ってもいいです。

トリートメントボトルにすることは多くのブランドが推奨しています。

ただ、希釈では十分な効果が期待できないと考えているブランドもあります。原液から飲むことをすすめているブランドもありますので必ず確認してください。

そして、何種類かのフラワーエッセンスがブレンドされた物（コンビネーションエッセンス）は希釈可能な物と、希釈できない物があるので確認してください。

クライアントさんにブレンドしてあげるときはボトルのサイズは20㎖～30㎖あればクライアントさんは、２週間ほどは飲めるでしょう。

２週間の期間が過ぎたら、衛生上よくないのでお風呂に入れたり、お家にある植物に使うようにして飲まないように指導してください。

♡フラワーエッセンスの賞味期限

原液のフラワーエッセンスは各ボトルの側面に賞味期限が記入してあります。記載されている期間内で飲みきりましょう。

♡フラワーエッセンスの保存方法と保存場所

太陽光が当たらず、湿気のない場所で電磁波の影響が少ない場所を選んで置いてください。フラワーエッセンスのスポイド部分がゴムなので、長期保存したい場合はその部分の劣化を防ぐにも立てて保存する方がおすすめです。

クライアントさんの中には時々、バッグの中でエッセンスをこぼしてしまったという声も聞きます。「ボトルは飲み終わったらしっかり閉めましょう」と伝えておくと親切です。

電磁波の影響を防ぎたい場合はアルミホイルをボトルに巻いておくと携帯電話などと一緒にバッグにフラワーエッセンスを入れるときには安心です。

♡フラワーエッセンスを調合後、クライアントさんにお伝えすること

(1) どのようにフラワーエッセンスを飲むかを実際にボトルを開けてエッセンスの滴数を見せて説明してください。

スポイドからの1滴が人それぞれ認識が違う場合があるからです。

(2) 保存方法、保存場所。

(3) 飲む期間。

(4) 次のカウンセリングはフラワーエッセンスを全部飲み終わってからがいいですよとお伝えします。

(5) 何か不調があったら必ず医師の診断を仰いでくださいとお伝えします。

♡クライアントさんにフラワーエッセンスを選ぶ方法

フラワーエッセンスを選ぶのに説明書を見ながら選ぶ他に、お花カード、キネシオロジー、直感、ペンデュラムなどで選ぶ方法があります。

①お花カードで選ぶ方法

多くのブランドからフラワーエッセンスのお花の写真がついたお花カードが出ています。このお花カードを使って必要なフラワーエッセンスを選ぶ方法があります。

クライアントさんにお花カードを渡して、自分の悩みを想像してもらってから、お花カードを見てもらいます。

時間をかけないで直感で好きで気になるお花カードを選んでもらいます。

最終的にそれを数枚に絞り込んでもらいます（３枚から５枚ほど）。

選ぶときに迷ったお花カードは、最初から選ばないと時間もかからずに効率的ですと伝えておきます。

選んでもらったらそのお花カードの意味を説明書を見ながら読んであげます。

クライアントさんに「これを聞いてどうですか?」「しっくりきますか?」「納得されますか?」と尋ねてください。

多くのクライアントさんがよい返事をくださいます。

その理由はクライアントさん自身が自分でお花カードを選ぶのでぴったりの内容が出てくるからです。

また、「好き」で選んでいただくと、クライアントさん自身も気づいている顕在意識レベルの悩みが出てきます。

クライアントさんがフラワーエッセンス上級者であれば、色んな感情も手放していて心の中も軽くなってきているので、さらに癒しを加速させるのに好きでなく、「嫌い」なお花カードで選んでいただくこともおすすめです。

嫌いで選ぶとクライアントさんが自分で気づいていない潜在意識レベルのカードが選べます。

また、オラクルカードを通常のカウンセリングで使っているようなカウンセラーさんは、オラクルカードのように直感だけでお花カードを選ぶ方法もチャレンジしてみてください。

この方法も気づきのあるお花カードが選ばれます。

そして、出てきたお花カードのエッセンスをブレンドして渡してあげましょう。

カウンセリングをしないでブレンドしたボトルだけを渡すのは違法になりますので、必ずカウンセリングをして、そのカウンセリング代金の中に「フラワーエッセンスのボトル込み」としてください。

②キネシオロジーやO―リングで選ぶ方法

クライアントさんにフラワーエッセンスを選ぶのに、キネシオロジーやO―リングの手法を使うのもよい方法です。

この手法を使えることで、クライアントさんの言葉だけでわからない、本音を知ることができるからです。

まわり道をしないで悩みのテーマを絞り込むことが可能になります。

また、キネシオロジーも色々な手法がありますので、自分に合った手法を見つけ、練習して習得することがおすすめです。

③フラワーエッセンスのラベルを見ないで直感で選ぶ方法

カウンセラーがクライアントさんの目の前にフラワーエッセンスのボトルを並べて直感で選ぶ方法もあります。

例えば、ボトルについているエッセンスの名前をお互いが見ないで気になる物をクライアントさんに選んでいただく。そして、クライアントさんに説明文を読んであげ、クライアントさんが納得したらそのエッセンスをブレンドしてあげる方法です。

④ペンデュラムで選ぶ方法

ペンデュラムでフラワーエッセンスを選ぶことができるとオンラインでのカウンセリングのときに、説明書からだけで選ぶのでなく、もっと的確なフラワーエッセンスをクライアントさんのために選んであげることができます。

この場合クライアントさんの悩みを聞いて、それからクライアントさんに悩みを想像していただき、それを癒すフラワーエッセンスをペンデュラムで選んであげます。キネシオロジーやO―リングと違いクライアントさんに接触しないで選ぶことができるのがよい点です。

3　カウンセリングの心構え

♡フラワーエッセンスのカウンセラーは的確なものを選ぶ手伝いをする

本書はフラワーエッセンスカウンセラーになりたい人が読んでくださっていると思います。

皆さんにお伝えしたいのはフラワーエッセンスカウンセラーになるのは決して難しくないということです。

的確なフラワーエッセンスをクライアントさんに選んであげることができたら、あとはフラワーエッセンスがクライアントさんを2週間～1か月ぐらいサポートしてくれます。

フラワーエッセンスカウンセラーはクライアントさんの悩みを聞いて、より的確なフラワーエッセンスを選ぶお手伝いをする人です。

そのため、決してカウンセラー主体のカウンセリングをしないように心がけるといいでしょう。

あくまでも、フラワーエッセンスを選ぶお手伝いをする立場だと念頭に置きましょう。

♡クライアントさん1人ひとりの美しい本質を見る

そして、大切なのはクライアントさん1人ひとりの、美しい本質を見るように心がけてください。

例えば、クライアントさんが職場の上司が憎いと言って、ひどい言葉で罵倒していても、それは

クライアントさんの本質ではありません。

クライアントさんが上司から愛されていない、大切にされてないと感じていることやコミュニケーションの不足などで、上司に対して、一時的に感じている感情だと思って聞いてください。

多くの場合は今起きている不満は、クライアントさん自身が幼い頃から抱えていたテーマであることが多いのです。

例えば、自分は愛されていないということが刺激されているだけです。

クライアントさんは自分がそのような想いが前提にあり上司を見ていたことがわかれば、自分も意地をはっていたなとか、誤解だとわかったときに、その感情は消えていきます。

だからこそ、その感情は一時的なものでその人の本質ではないのです。

♡クライアントさんの表面的な言葉に惑わされない

それを、カウンセラーがこのクライアントさんはイライラしやすく、職場ではトラブルばかり起こす人と決めつけてしまうのであれば、カウンセラー自身がフラワーエッセンスを飲む必要があります。

カウンセラーが、クライアントさんの話を聞いたときに物事を決めつけたり、判断してしまうのであれば、カウンセラーがそれに対して、なんらかの課題を持っているのでしょう。

そのために、カウンセラー自身もその課題が癒されてくると、クライアントさんの、このような発言が違った方向から見えてきます。

そのような発言、行動の裏には何が隠されているのか？「クライアントさんが何を怖がっているのか。何を求めているのか」がわかるようになります。

クライアントさんの表面的な言葉に惑わされないようにしましょう。

♡自分の狭い視野からクライアントさんをみないように

カウンセラーのクライアントさんに対する決めつけは、カウンセリングを進めるうえで、クライアントさんの抱える本質の問題に、いつまでもフォーカスすることができません。

つまり、問題を解決するのに遠回りをすることになります。

また、フラワーエッセンスを飲みだしたばかりの初心者クライアントさんは、より的確なエッセンスを選ぶことができる、カウンセラーの存在が助けになります。

そんなときに、カウンセラーがクライアントさんを判断したり批判をしてしまえば、言葉にしなくてもクライアントさんには伝わってしまいます。

私たちは言葉以外にもコミュニケーションをとっているのです。

カウンセラーの出す波動をクライアントさんも感じ、居心地がよくなったり、悪くなったりします。また、特にカウンセリングに来るような人たちは、繊細でエネルギーに敏感です。

カウンセラー自身が、自分の狭い視点から、クライアントさんを見ないように心がけることが大切です。誰もが、自分自身には気づきにくいものです。それはカウンセラー自身も同じですので気をつけましょう。

例えば、いつもイライラして周りの不満、文句ばかり言っている人が、インディゴチルドレンの要素を持っていることもあります。不満を持ち、世の中を変えていくことがインディゴたちの役目です。

4　カウンセリングシートの役割

♡カウンセリングシートをつくる

フラワーエッセンスのカウンセリングが始まる前に、その人の情報を知っておくことは、一定時間内でフラワーエッセンスのカウンセリングを進めていく場合には、有効な方法です。

例えば、子供を３人育てている主婦と就職したばかりのＯＬさんでは日々の生活の状況もあまりにも違うので、アドバイスも変わってきます。

もちろん、その情報によりクライアントさんを先入観を持ってみることは気をつけなければなりません。

そのために、初めてフラワーエッセンスのカウンセリングを受ける方用のカウンセリングシートをつくっておきましょう。

♡カウンセリングシートの記載事項

名前
住所
電話番号（携帯電話番号）
性別
年齢、誕生日
持病、病気の治療歴
飲んでいる薬やサプリメント
受けている他の治療
学歴、職業
未婚、既婚、子供のありなし
同居者、家族
国籍
血液型

などをクライアントさんが書き込めるようにカウンセリングシートに記載しておくことはおすすめです。前記した中でカウンセラー必要なものを抜き出して使ってください。

そして、このような記録は、「個人保護法に基づいて一切、クライアントさんの許可なく公開されないことや住所などのプライベートなことを、ＤＭなど使用する以外、第三者に公開しません」なども記載しておくことは大切です。

♡チェック項目をつくり、伝えモレを防ぐ

個人保護法に基づくことは最後に口頭でクライアントさんに言いましょう。これは、カウンセラー自身が自分を守る1つの手段になります。

そして、その文章の後ろにチェック項目もつくり、そこに、クライアントさんといっしょにチェックできるようにしておきましょう。

この項目をシートの最後につくっておくと言い忘れることも防げるでしょう。

カウンセリングシートがあると、クライアントさんと話した内容を残すことができます。それによって、次のカウンセリング時に、前回から引き続き見ていく内容がないかも確認できるでしょう。また、長期にカウンセリングしていると、この記録はカウンセラーには大切な事例の資料となります。

♡シートの保管に要注意

カウンセリングシートは個人的な内容が記載されているので保管場所は、くれぐれも他人の目に触れない安全な場所で保管しましょう。また、漏洩、紛失には最新の注意をしましょう。

これは、クライアントさんとの信頼関係をきずくうえでの基本です。

また、その記録を破棄する場合は、シュレッダーなどを使い、クライアントさんの個人情報が厳守される形での破棄をしましょう。

そして、クライアントさん側に記入していただく欄は、クライアントさんが「今日カウンセリングに来た目的」を記入してもらう欄が必要です。

例えば、現状の気分や、解決したいことや、目標などを記入していただきます。また、2度目以降のカウンセリングであれば、「前回エッセンスを飲んでどう変化があったか」を記入してもらう欄をつくりましょう。

♡カウンセラーの記入事項

カウンセラーが書き込むのは、

(1) カウンセリング日時
(2) カウンセリングをした時間
(3) クライアントさんに出したフラワーエッセンスの記録
(4) フラワーエッセンスを選んだ手法
(5) 次回に持ち越すテーマ

など記録しておくのがいいでしょう。

「初めてのクライアントさん用のカウンセリングシート」と「2回目以降のクライアントさんのカウンセリングシート」は別につくっておくのがおすすめです。２回目以降のカウンセリングの人は、同じ情報を何度も記入していただく時間を省くためです。

5　カウンセリングルームを整える

♡クライアントさんを迎えるとき

カウンセリング時、クライアントをお迎えするのに、お掃除され、エネルギーレベルでも浄化された空間に招くようにしましょう。

例えば、続けてカウンセリングが入っている場合は、次の人のために窓を開けて、空気を入れ替えることも大切です。

前の人の匂いが残ることで、次の方が不快に感じることもあります。

窓のないような空間でカウンセリングをする場合は、カウンセリングをした後に残る匂いにも気をくばりましょう。

このときに、人口の消臭スプレーより、ナチュラルな消臭スプレーを使うことをおすすめします。

浄化作用のあるフラワーエッセンスとアロマエッセンシャルオイルが入った、ミスト（スプレー）タイプの物があります。

これは、前のクライアントの残した匂いだけでなく、ネガティブなエネルギーも浄化できます。

クライアントさんの残したエネルギーの影響からカウンセラー自身も守られます。

♡カウンセリングルームの色

カウンセラーにとり、カウンセリングルームを整えるのは、楽しみの1つです。テーマを決めて、統一させたインテリアやカラーに整えてみましょう。

カウンセリングルームなどでは、刺激的なカラーや、暗いカラーをメインカラーに使うと、カウンセリング時にクライアントさんが色の影響を受けてしまうことがあります。

例えば、スタイリッシュな黒を基調にしたインテリアの中でのカウンセリングは、悩んでいるクライアントさんにはますます、気持ちが下がってくる場合もあるでしょう。

また、季節によってカウンセリングルームのインテリアやテーマカラーを変えるのもいいでしょう。

夏の暑い日に、カウンセリングルームに入ったとき、インテリアが暖色より、中間色や寒色の方が心地よく感じるでしょう。

また、冬場に寒色のインテリアのカウンセリングルームでは、部屋が寒々しい感じになります。

クライアントさんが、心地よく居られるような視点を持ってあなた自身も楽しみながら空間を整えましょう。

♡カウンセリング中に流す音楽

また、音楽をカウンセリング中に流すかどうかは、いろんな意見があります。

肯定派はリラックスすることが目的です。

反対派は音楽が感情をむやみに刺激しないようにすることが大切と考えます。

また、クライアントさん、カウンセラー自身もカウンセリングに集中するなどの理由です。

これもカウンセラー自身が決めることですが、音楽をかける場合はクライアントさんの好みもあるので、「今かかっている音楽はお耳に触りませんか？」と尋ねるのは親切でしょう。

音も相手の声が聞き取りにくいようでは適切な音量ではありません。あくまでも、静かな音量で、話を遮らないことが大切でしょう。

流すなら、自然の音やヒーリング効果のあるようなものの中から選択するのはいいでしょう。

あまり、眠気を誘うようなものや、歌詞の入っているものは避けましょう。

例えば、オーストラリアンブッシュフラワーエッセンスのホワイトライト用のＣＤなどがあります。

これはチャクラも調整します。また、チャクラワーク用ＣＤはＬＴＯＥからも出ています。

チャクラ調整を意識して、カウンセリング中に流す方法もあります。

その場合まず、ＬＴＯＥのブリト・ババプーレ博士は第1チャクラを流すことをすすめています。

この音を好まないクライアントさんは、第1チャクラの調整が必要と考えます。

そして、夕方からのカウンセリングは、照明も考慮する必要があります。

明るすぎる光は避けましょう。

オレンジっぽい光色はあたたかさや安心感を感じられます。

また、間接照明ができるような照明器具をうまく使えば、カウンセリングをするのに理想的な空間ができます。

白っぽい光色の元では、緊張感を呼び起こしリラックスしにくいという研究結果があります。

6　カウンセリングルームの温度や湿度

♡クライアントさんの座る場所のエアコンの風など

クライアントさんの座っている場所にエアコンの風が直接あたってはいませんか。

そのような場所に椅子がある場合は変更するのがいちばんです。

できない場合は、可能であるならば、クライアントさんが自分で調整できるように、リモコンを側に置いてあげるのもいいでしょう。

冬場は自由に使える、ひざ掛けなども用意してあげることもおすすめです。

用意しておくとクライアントさんたちはよく使っています。

また、クライアントさんが荷物を忘れることを防ぐために、バッグなどをまとめるカゴを用意す

ることなども検討してください。

雨の日や日差しが強い日の傘置きの場所も、帰りに視界に入る場所に置くのも大切です。

クライアントさんがフラワーエッセンスのカウンセリング中に、つけているアクセサリーのリングや時計を外す必要がある場合は、それらの物を、必ず専用のトレーを用意してクライアントさんの視界に入る場所に置きましょう。

♡カウンセリング時の椅子の座り心地・机の高さなど

カウンセリング時の椅子の座り心地、机の高さは最適ですか？

クッションなどを置いて置くとクライアントさんが調整できるでしょう。

スリッパなども、置く、置かないもそれぞれ意見があります。

神経質な人はスリッパを履くのに抵抗があります。

毎回洗えるような物を置くか、お持ち帰りしていただけるような、使い捨ての物を置くなどのアイデアもあります。

また、自宅兼のサロンの場合など、玄関からすぐカウンセリングルームに入ることができる場所でしたら、最初からスリッパを置かないのもいいでしょう。

そして、カウンセリングルームはプライバシーが守られる場所であることが大切です。

カウンセリングルームは静かな空間で、声が外部に漏れたりしない場所にしましょう。

♡トイレ・生理用品

クライアントさんがトイレを使用することもあります。

トイレもカウンセリングの前後にお掃除をし、お香などで香も整え空間もエネルギーレベルで浄化をしておくこともおすすめです。

また、生理用品なども用意しておくか？　使用後の生理用品の始末をどのようにするかも考えておきましょう。

以前、私が勤めていた職場では生理用品を捨てるのに専用の紙袋を使っていました。これは、時間の空いたときにスタッフが手づくりしていました。外に透けない紙とガムテープだけです。

使用後の生理用品が丸めて入れられて、上の部分を開かないように2つ折りできるぐらいの大きさの袋です。

この簡単な手づくり紙袋のおかげで、共同のトイレを掃除するときも気持ちよく行うことができました。

このような物をつくってつかい方をメモしておけば、クライアントさんも処理に困らず気軽に使えるでしょう。

♡玄関先をさらに浄化する方法

特に玄関先は、お塩などをお皿に入れて盛り塩をすることや、セージの葉やお香を使って場を整えることもいいでしょう。

燻の歴史は古く、太古から行われています。

例えば、ギリシャのデルポイの神の啓示や死者の霊を呼び出す際、火の破壊の力、煙は浄化作用で宗教的な儀式でも使われていました。

そして、現代でもこの方法は取り入れられています。

歴史的には病気の治療のときも燻が行われました。また、インディアン達も燻を取り入れていました。

クライアントさんのプライベートな話を伺うのに、整えた空間でお迎えする気持ちが大切です。綺麗好きのクライアントさんなどは、お片づけがされていないカウンセリングルームに抵抗がある人もいるでしょう。

自分のカウンセリングルームを、クライアント目線でチェックしてください。

そして、以前、私の使っていたカウンセリングルームは部屋に入るのに少しの段差がありました。扉を開けながら、クライアントさんに、段差がありますから気をつけてくださいね。と一声おかけしていました。

このような建物の構造上の注意が必要な場所は、何が起こるかわかりません。必ずお声がけしましょう。

7　カウンセリングルールを決める

フラワーエッセンスのカウンセリングを受けていただく前に、クライアントさんとの間に自分なりのルールを決めておきましょう。

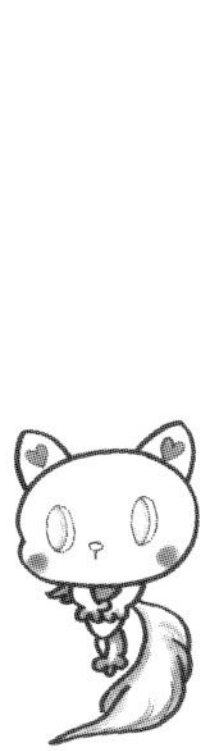

♡カウンセラーのクライアントさんに対してのポリシー

①　クライアントさんの遅刻に対してどのように対応するか。
5分以上遅刻の場合は必ず連絡を入れていただくか。

そして、遅刻の時間はカウンセリング時間に含まれ、時間を短縮するのか。

止むをえない遅刻の場合、その時間はカウンセリング時間に含まずカウンセリングをするのか。

②　クライアントさんの急なキャンセルに対してはどのように対応するか。
カウンセリング予定日時から24時間過ぎたキャンセルはカウンセリングの半額をいただくのか。

当日のキャンセルや無断キャンセルの場合はカウンセリング代金の全額をいただくのか。

③　カウンセリング延長の場合は、いくらの超過料金が発生するのか。

④　カウンセリング時間より早く来た場合は、お待ちいただくことにするのであれば、どれくらい前からなら入れるのか。

⑤　カウンセリングとカウンセリングの合間はクライアントさん同士が鉢合わせをしないように、

十分な時間をとるのか。
⑥ 未成年者の場合の保護者の立ち会いはどうするのか。
⑦ 同伴者がいる場合は、必ず事前に申請していただくか。それとも基本は一対一のカウンセリングなのか。
⑧ 事前にカウンセリングテーマを1つ、２つまで、絞っていただくようにお伝えをしておくかどうか。
⑨ カウンセリング以外での、クライアントさんからのメールや電話にどう対応させていただくかをクライアントさんに事前に書類やウェブサイトなどで伝えておくか。

8　カウンセラー自身のルール

♡クライアントさんを不快にさせない配慮

カウンセラー自身のルールを決めましょう。

カウンセリングは接客業ともよく似ています。クライアントさんを不快にさせない配慮も大切です。

カウンセリングの前には、クライアントさんに近づくこともあるので、ニンニク、お酒など強く香りの残る食べ物、飲料は控えましょう。

特に、喫煙者は匂いに気をくばりましょう。

香水をつける場合も、クライアントさんの好みもあるので、控えるか、つける場合は肌につけるのではなく、香りを上に向かってスプレーしてその香りの下をくぐる、足元につけるなどして、控えめに香るような工夫をしましょう。

洗濯後の柔軟剤の香りも好みがあるので控えめがいいでしょう。

また、自宅兼サロンである場合は、お昼の食べ物の匂いなどがカウンセリングルームに匂わないように注意しましょう。

そして、音にも注意しましょう。

他の家族がいる場合は、テレビやオーディオの音が漏れないように協力してもらいましょう。

電話もカウンセリング中に響かないように音量に気をつけましょう。

そして、カウンセリング日の前日、当日、万が一カウンセラー自身の体調が悪くなった場合などは、早めにクライアントさんに連絡をしてセッションの変更をお願いするようにしましょう。

または、クライアントさんに心配をかけない程度である場合は、事前にその旨を伝えて了解の上カウンセリングを行うようにしましょう。

対面希望の方であればオンラインに切りかえる提案をしましょう。

例えば、カウンセラーが風邪をひいている場合など、クライアントさんにうつさないようにカウンセラーがマスクをつける、必要ならクライアントさんにもマスクを渡して必要ならつけていただくように選択できる配慮も必要です。クライアントさんだけへの配慮だけでなく、クライアントさんには幼い子供、家族がいる場合もあります。

その人たちがカウンセリングに同席していない場合でも、クライアントさんを通じて子供や家族への感染してしまう場合もありますので、配慮を忘れないようにしましょう。

♡カウンセリング時間

カウンセラー自身が、カウンセリングの時間が押してしまうようなことが、よくある場合は、時間を厳守する癖をつけましょう。

あるクライアントさんは60分の代金をお支払いして60分カウンセリングをしているのに、別のクライアントが60分のカウンセリングで、カウンセリング時間を過ぎているのにお話をしているようなことがないようにしましょう。

このようなカウンセリングでは、前者のクライアントさんに対して失礼になってしまいます。

カウンセリング時間を守り、時間の制限があることを意識してカウンセリングを進めてください。

他のカウンセラーと組んでカウンセリングをしているようなときや、カウンセラーとして雇われている立場の場合は特にこの辺りは大切です。

グループでカウンセリングする場合など、Ａカウンセラーは時間延長してくれる、Ｂカウンセラーは時間に終わり同額の料金では問題が出てきます。

そして、クライアントさんにも、時間を意識していただくために、カウンセリングを始める前に、60分のカウンセリングなので、何時に始まり、何時に終わりますとお伝えしましょう。

クライアントさんとカウンセラーの双方が、時計を見える位置に置いておく。

また、それぞれの位置に別々に小さな時計を置いておくことで、お互いに時間の意識をすることができます。

カウンセラーがカウンセリングを始めた頃によくあるのが、カウンセラーがリードして、時間を見計らってクライアントさんの話をまとめるタイミングを掴めず、ずるずるカウンセリング時間を過ぎてしまうことがあります。

また、話をまとめる、それに対して最初は抵抗を感じたりすることもあるでしょう。

その場合は、カウンセラーは「この辺りで、お時間の関係で一度お話をまとめさせていただき、エッセンス選びをさせていただきますが、よろしいですか？」などとクライアントさんに尋ねてください。

または、「そろそろ、カウンセリング終了のお時間が近づいて参りましたので、エッセンスを選ばせていただいてもよろしいでしょうか？　もしまだ、お時間が足りないようでしたら、お代金がかかってきますが延長は可能でございます。どのようにさせていただきましょうか？」などと尋ねてもいいでしょう。

カウンセラーがクライアントさんにお尋ねする姿勢で、疑問系でご希望を聞くのは良好な関係づくりには大切でしょう。

カウンセラー初心者は、延長時間の代金をいただくことに罪悪感や抵抗を感じるかもしれません。

しかし、クライアントさんが必要であれば、「この後、お時間を延長できるなら延長してください」とリクエストされます。

終了予定時間でカウンセラーが、クライアントさんの話をまとめられないと、時間内にエッセンスを選ぶことが不可能になります。

クライアントさんは、この後に予定が入っているかもしれません。

時間が当初の予定より超えそうと感じたら、その時点でクライアントさんに、この後に予定が入っていないかを確認し、時間が過ぎてもいいかを了承をえておきましょう。

9　カウンセリング時間以外のフォローアップ

カウンセラーとして、クライアントさんに対してどこまでフォローアップをするかも、決めておきましょう。

例えば、クライアントさんからのカウンセリング以外のメールや電話に対して受けないのであれば、返信にはカウンセリングを受けていただくように促すことが必要でしょう。

このようなカウンセリング以外の質問やメールには、お答えしないことなどをウェブサイトやブログなどに記載しておくことも必要でしょう。

カウンセリングほどでない短いメールや質問に対しても、カウンセラーが外出先だとこちら側の返信が、いい加減なアドバイスや言葉足らずになりかねません。

それは、クライアントさんからのメールの一部の情報だけで推測しないといけないからです。

的確なアドバイスをするのには、クライアントさんの言っているニュアンスの確認や、ある程度のコミュニケーションが必要です。

的外れなアドバイスは悩んでいるクライアントさんとの信頼関係を崩しかねません。

また、メールに対して質問に返事を書いていると、カウンセリングをしているぐらいの時間が必要になります。

このようなことから、カウンセリング以外でのクライアントさんの相談に対しては、最初にクライアントさんに理解していただくことが大切です。

クライアントさんがカウンセリングを予約してきた場合は返信を返すときに、カウンセリングを受ける前に、このようなルールがあります。というリンク先を記載しておきましょう。

一度、最初にお伝えすればクライアントさんもそれを尊重してくださいます。

また、ルールを事前に文章ではなく動画を撮影しておいて、リンク先を教えてあげるのもおすすめです。

動画のほうが文字の情報よりも５０００倍も入ってくると言われているからです。

10　感情的なクライアントさんへの対応

♡簡単な返事を出すとき

クライアントさんが感情的になって連絡をとってきたときには、簡単な返事を出して、カウンセリングを促すことやレスキューレメディ（緊急エッセンス）を飲むアドバイスをしましょう。

ただ、このアドバイスは最良ではないことはお伝えしましょう。

一番いいのはカウンセリングを入れて詳しくお話をしましょうとお伝えしましょう。

また、簡単な返事をするときは、内容に対して、慰めや、励まし、思いやりを込めた言葉だけで十分です。

また、簡単にできないご質問の場合など返事に時間をいただきブログなどを通してお返事する形式を取らせていただくなど工夫をしましょう。

このような場合は、ブログの読者の参考になる質問についてのみにし、個人的な内容までは控えましょう。

また、返信は残るものなので、いい加減なお返事はできません。

そのためにも、お時間をいただくことも必要なのです。自分のタイミングでそのお答えをブログなどでアップしましょう。

♡カウンセリングを促す

クライアントさんがカウンセリングが終わっても話しているとき、次回のカウンセリング時にそれをテーマにしませんか？　とカウンセリングを促しましょう。

また、メールで、クライアントさんが怒っていて、こんなときは何を飲んだらいいですか？　と問い合わせがあったとします。

そこで、カウンセラーがフラワーエッセンスをすすめるなら、怒りを癒すというキーワードのエッセンスを飲むのがいいのですよとお伝えしましょう。

しかし、飲んでもよくならない人、フラワーエッセンスを飲んでいても一時よくなっても、またイライラし始める人もいるでしょう。

このように、そのフラワーエッセンスを飲んでも治らない場合はカウンセリングをしてくださいとお伝えしましょう。

詳しい話を聴いてからしか最適のエッセンスはわかりません。

よく、怒っている人が、キネシオロジーテストでフラワーエッセンスを選ぶと、自分の気持ちを相手に伝えるフラワーエッセンスが必要と出てきたりします。

自分の気持ちを話せないので、我慢して怒っていることが起きているのです。

しかし、そこからさらに優先順位をみると、怒りを癒すより、深い部分では疎外感を感じていて、悲しみを癒すフラワーエッセンスが必要と選ばれたりすることがあるのです。

つまり、怒りの下にある、悲しみが癒えていないので、悲しみが刺激され怒っていると言うことです。

また、怒りは、クライアントさんの女性ホルモンのバランスが崩れているから、気分が揺らいでいるとフラワーエッセンスが選ばれるときもあります。

このように、クライアントが自覚している感情とは全く違うことが原因の場合がよくあるのです。

このようなことは話を聞きながらのカウンセリングでしか確認できません。

だからこそカウンセリングを促すのが理想的です。

♡その他気をつけること

質問にたいしては、返事を書く内容は残りますので注意してください。

特に病気などのアドバイスのときは法律的なことも気をつけてください。

フラワーエッセンスカウンセラーは、ネガティブな感情を聞くだけではなく、ネガティブな感情を聞いたらクライアントさんを癒すフラワーエッセンスを選ぶことが必要です。

フラワーエッセンスカウンセラーはフラワーエッセンスとクライアントさんを繋ぐ架け橋のような存在なのです。

どんな悩みにも判断、批判しないで思いやりを持ってフラワーエッセンスを選ぶのが本来の役目です。

クライアントさんと、共依存の関係を築かないことは、カウンセラー自身も自分のプライベートな時間を守るためにも大切なことです。

そして、忙しくなればなるほど、クライアントさんへのメールや電話に応える時間が難しくなります。また、問い合わせの数も膨大になります。

最初にクライアントさんに理解していただくようにお願いするのも大切です。

11　カウンセリングの代金の引き上げ

♡カウンセリングへの自信がついたら代金引上げを考慮

カウンセリングに自信をつけていくと、カウンセリングの代金を引き上げることも考えるでしょう。

この値上げを考えるときに値上げをしたら、今までのクライアントが来なくなるのではと心配を抱くと思います。

しかし、カウンセリングへの自信がついてきたら、カウンセリング代金を引き上げることも考慮してみましょう。

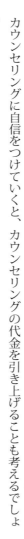

カウンセラーの仕事は時間を切り売りしながら、お金をいただいています。

フラワーエッセンスを使う私達の仕事では、それを揃える投資費用が最初にかかり、その後もかかり続けます。

安い価格設定をしていると、あまり利益が残らずでは、せっかく、その仕事の才能があっても長く仕事として続けることが不可能になってしまいます。

カウンセラーも経験を重ねることで、カウンセリングの適正価格があります。

例えば、フラワーエッセンスのカウンセリングを始めた頃と、10年間カウンセリングの実績を重ねた人と、同じ価格設定でなくてもいいでしょう。

ある程度、カウンセラーとしての自信をつけたら適正な価格を見直してみましょう。

すると、一時的なクライアントさんの変動は出てきますが、またその価格設定でもカウンセリングを受けたいと言うクライアントさんが出てきます。

そして、その価格でもカウンセリングの内容が見合うと感じたクライアントさんが継続してくれます。

だからこそ、反対に、値段引き上げができる自信と、技術を身につけることをカウンセラーは日々心のすみに置いておきましましょう。

すると、適正な引き上げに対してクライアントさんがいなくなるなどの心配はしないでいいのです。

♡おすすめのフラワーエッセンス

カウンセラーがこのようなお金の問題にブロックがあるときに、おすすめなフラワーエッセンスは、豊かさがテーマのエッセンスを飲むといいでしょう。

それによって、豊かさを受け取る準備や、豊かさを引き寄せてくれる波動に変化していくでしょう。

アラスカンエッセンスのコンビネーションエッセンスの【ゴークリエイト】です。

パシフィックエッセンス【アバンダンスプログラム】は22日間豊かさ手に入れるワークをします。

自分自身を見つめることで、気づきが得られるでしょう。

また、私たちは、生まれてくるときに自分自身の経済状況なども決めてくると言われています。

しかし、この条件がいいと思っていたけれど、このことで制限がかかっていることがあるのなら、それを解消するエッセンスなどが有効です。

アンジエリックエッセンスの【クリアリングコントラクツ】

また、金銭的な問題は、家系の影響、父親との関係性を癒すこと、与える方が多く受け取るバランスが悪いなど他の要因もあります。豊かさを手にするのに父親との関係に問題がないかを見てください。

そして、フラワーエッセンスを試してみてください。リヒトウェーゼンからは豊かさ【アバンダンス】のペンダントがあります。

金銭的なブロックがある人はこのようなものを身につけるのもいいでしょう。

豊かさのエッセンスは多くのブランドから出ています。

また、自分は豊かさを受け取る価値があると思えるようになるフラワーエッセンスもあります。

第2章　カウンセリングを始める前に

1　カウンセリングをするときに

♡クライアントさんを批判しない努力が大切

カウンセラーはクライアントさんを判断、批判、非難しない姿勢が大切です。

カウンセリングをしていると、どうしてもクライアントさんが言うことや、やることに共感できないときもあるでしょう。

その場合にただ、それは違います。これこれです。と正当なことを言うのではなく、まずクライアントの言っていることを受け止めましょう。

例え、クライアントさんがどんなことを言ったとしても、クライアントさんを責めるような態度や発言をしないでください。

時には、クライアントさんが同僚に対して「あいつは死ねばいいのに。毎日、あいつを呪っています」と言うことを聞くかもしれません。

そのようなときも、「なるほど」「そうですか」「そうですね」「そう思っているのですね」などの言葉でまず受け止めてください。

そして、「正直なお気持ちをお話していただき、お気持ちはわかりました。ありがとうございます」または、その後に非難、否定をするのではなく、「少し私の具体的なアドバイスをお伝えしてもいいでしょうか？」と訪ねてください。

そして、「アドバイスは必要ないです」と言われたら、フラワーエッセンスをすぐ選んであげましょう。

♡クライアントにアドバイスするとき

アドバイスをするときは、例えば、クライアントさんが不倫をしていたとします。

そして、「彼の奥さんが憎いです。よくないことが起きるように呪っています」と言ったときに、「不倫は止めましょう」とアドバイスするのではなく、「こんな本がありますよ。心が軽くなるから読んでみてはどうですか？」というアドバイスです。

そして、フラワーエッセンスのカウンセリングをするカウンセラーはいつも心に置いてほしいことは、クライアントさんがフラワーエッセンスを飲んでくだされば、カウンセラーが、あれこれ意見を言わなくても、クライアントさん自身が、何が最良かを気づくことができるのです。

これがフラワーエッセンスのカウンセラーをやっている人が心しておくことですし、フラワーエッセンスのカウンセリングをしている人の利点です。

つまり、カウンセラーが何も言わなくてもフラワーエッセンスが、１番必要なエネルギーでクライアントさんをサポートをするからです。

また、信頼関係が築かれているクライアントさんがアドバイスを聞きいれてくれるのであれば、まず「これに対しては、私はこのように感じますよ」と短い言葉で言ってみてください。

例えば、「相手の奥様を呪うなどしてはいけませんよ。自分を呪うのと同じ行為ですよ」と言えば、クライアントさんがカウンセラーから責められたと感じたり、自分自身に罪悪感を抱きかねません。

また、感情的になりかねません。

これではよいコミュニケーションはとれません。

どんなときもクライアントさんが責められたり、辱められたと感じるような言葉は慎むべきです。

そして、罪悪感を持たせたり、恐怖でコントロールするようなこともしないでください。

クライアントさんが心を閉ざしてしまう結果になったり恐怖を感じさせてはいけません。

そして、不安感や信頼をえられなかったことで、「私がどんな思いをしたかあなたは何もわかっていない。私は呪いが自分に返ってくることも覚悟しています」と言われかねません。

その後は、もうクライアントさんはカウンセラーの話を聞いてはくれないでしょう。

どんなときもまず、クライアントさんから見える世界を一緒にみてください。

そして、反対意見を言うときは、相手への思いやりが必要です。

それは、もしかしたら、あなたがそう思うのも正しいかもしれないと言う思いやりです。

スピリットインネイチャーエッセンスの創始者、リラ女史が講義中に、喧嘩した相手と口論を終わらせるには、もしかしたら、あなたが正しいかもしれないねと言う言葉を象徴するバナナのエッセンスが有効ですよと言っていました。

この言葉はとてもパワーがあり、カウンセラーとクライアントさんの関係だけでなく、どんな関係にも有効で、思いやりがあると思いました。

誰もが、自分の考えを頭ごなしに否定されると、それが正しくないかもしれないと感じていても、感情的に怒りや悲しみを感じてしまい、引き換えせないようなときもあるでしょう。

また、悩みを抱えているような状況のときは、特に誰もが自分の考え、行動を否定されることに敏感になっているのではないでしょうか。

カウンセラーまでが、正当論を言って理解を示してくれないでは、クライアントさんにとってみれば、がっかりするでしょう。

誰もが、本質ではこれがよりよいことだとわかっています。

しかし、例えば、抱えているネガティブな感情が癒えていないときに、正当論をわかっていても、感情的に理解しにくいことがおきるでしょう。

カウンセラーは、正当論を話すことより、クライアントさんがフラワーエッセンスを継続して飲んでもらう方へ導くことが大切なのです。

そして、クライアントさん自身が、自ら心を開き気づくのを待つしかありません。

クライアントさんが、どんなことを言っていたとしても、どこかで、この感情を持ちたくないと思っているから、わざわざカウンセリングに時間やお金をかけて来ているのです。

そのことを理解しましょう。

♡クライアント自身が気づくプロセスに踏むこと

カウンセラーがクライアントさんを判断することは、自分自身でカウンセリングの可能性を狭めてしまうのです。

フラワーエッセンスの素晴らしいところは、気づきのスピードは違えど、クライアントさん自身が自分で気づくことができる点です。

私自身もカウンセリングをしていて、ひどい発言をしていたクライアントさんが、後に気づいて変化していくプロセスを何度も見ています。

そして、みんな、気づいていなかった頃を振り返って、そんな頃の自分を笑い反省をしています。

また、感情的になって言ったことなのですっかり忘れてさえいる人もいます。

このように、クライアント自身が自分で気づく、プロセスを踏まない限り、カウンセラーのどんな正当な言葉も届きません。

カウンセラーは、クライアントさんにそちらの選択ではないですよと促すときに、このようなことを心におくだけで、クライアントさんからすると、私の気持ちを受け止めてくれたことだけでも大きな助けになるでしょう。

カウンセリングをしているカウンセラーもクライアントさんを通して気づき、一緒に成長していきます。だからこそ目の前にいるクライアントさんは自分自身でもあるのです。そう思えばどんな言葉をかけたらいいかは自然とわかってくるでしょう。

2　カウンセリングは現在を見るだけではなく全体を見る

♡一時的な感情だけでクライアントさんの問題を見てはならない

カウンセラーは、クライアントさんの一時的な感情だけで問題を見ないでください。今起きている問題には、そのように考えるようになった過去の経験（トラウマ）が絡んでいます。カウンセラーは、クライアントさんが望めば、この絡んだ糸を1つずつ、解きほぐす作業をサポートします。

そして、カウンセラーはクライアントさんの描く未来像に向けてもサポートします。

♡モデルになりたいクライアントさんの例で見ると

例えば、モデルになりたい夢があるけれどダイエットができないなら、本当に本心からモデルになりたいと思っているかをまず調べます。

潜在意識と顕在意識に葛藤がなければ、一般的にはカウンセラーはクライアントさんには、食事に気を配り、運動を継続する意志力、継続力をサポートするフラワーエッセンスなどの中から選べます。

また、クライアントさんにキネシオロジーテストをすればそれが選ばれます。

しかし、多くの場合はこのようにモデルになりたいのにダイエットできないときには葛藤の状態が起きています。

葛藤の内容はモデルになりたいけれど、目立つと他人からの嫉妬が怖い。

モデルになると他人に負けたくないと思いが強くなり気が強くなりイライラする自分自身が嫌、と思っているなどがあります。

これを調べるにはキネシオロジーテスト、O—リングペンデュラムで調べてみましょう。

「モデルになりたい」とクライアントさんに言ってもらいます。

このときにクライアントさんの力が強かったら心からそう思っています。

もし、力が弱かったら、クライアントさんはモデルになりたいと心から思っていません。葛藤がある状態です。

そのときは、まずはその葛藤を取るフラワーエッセンスを飲みます。

オーストラリアンブッシュフラワーエッセンスであれば、ファイブコーナーズです。

そして、そのエッセンスを飲み終わったら、クライアントさんが同じテーマでやりたいときにはまた調べます。

そして、次のカウンセリングでは、クライアントさん自身が深い部分で、モデルになるのに自分の外見に自信がないことがわかったとします。

この場合は、外見の自信を持つフラワーエッセンスを与えると同時に、なぜ自信をなくしたかも見ていくと、実は、幼い頃に親から「お姉はかわいいけれど、あなたはね…」。と言われたことで傷ついていたから、自信をなくしていることにクライアントさんが気づくこともあります。

この場合は、トラウマを癒すことや、母親との関係を癒すフラワーエッセンスがおすすめです。

しかし、この後もオーディションに行ってもよい結果が出ないことを、キネシオロジーテストで調べると、過去世の問題や、自分が生まれる前に契約したネガティブな契約を破棄する、外部からのネガティブなエネルギーの影響を受けないフラワーエッセンスがよい結果をだすことがあります。

このような生まれる前の契約や過去世レベルは、一時的なネガティブな感情が終わると出てくることが多いです。

さらに、魅了するようなフラワーエッセンスを飲んでオーディションに向かったり、レスキューレメディ（緊急レメディ）で落ち着いてオーディションが受けられることをサポートすることも必要でしょう。

そして、落ちることが続くなら、あれこれ考えすぎないフラワーエッセンスや諦めないで、更なるチャレンジに向けるフラワーエッセンスも有効でしょう。

夢を叶えるためには、そのプロセスも楽しんでいると量子力学の視点からみてもワクワクなフォントが身体から出ます。つまり、まわりの人にもワクワクエネルギーを与えてあげられています。

そして、それに合った周波数の世界、夢が叶っているパラレルワールドに移行できます。

3　クライアントさんとの距離感

♡カウンセラーの領域を超えない

カウンセラーとして大切なクライアントさんとの間のスタンスは、クライアントさんがどんな経験をしていても、かわいそうと思う気持ちは自然に出てくるかもしれませんが、だからカウンセリングの時間外に何とかしてあげたいと思う必要はありません。

これは、カウンセラーとしての領域を超えています。

クライアントさんがカウンセリングに来たときは、もちろんフラワーエッセンスでの最善のサポートをしましょう。

しかし、クライアントさんの状況をカウンセリングが終わった後にも、かわいそうと思うならカウンセラー自身がフラワーエッセンスを飲む必要があります。

誰もが、自分自身の人生を生まれる前に決めて、経験として学ぶことを決めています。

♡それぞれの人の人生を尊重する姿勢を忘れない

それぞれの人の人生を尊重する姿勢を忘れないでください。尊重していれば、むやみにかわいそうとカウンセラーが上目目線で見ることはなくなります。

カウンセラーは時にクライアントさんがこのプロセスを踏むときに、何度もクライアントさんの涙を見るでしょう。

しかし、これは通過点であり、クライアントさんと同じような視点に立つのではなく、クライアントさんの望む未来に向けてフラワーエッセンスで最善のサポートをしましょう。

結果、そのときに、思うようなことが得られなくても、その経過をしたことは人生のよい経験となります。

そして、状況がどうであれ、フラワーエッセンスで癒され、クライアント自身が心のバランスが取れ、日々を楽しんでいますと言ってくるときがきます。

そんな頃に、夢を半分は諦めていたけれど、突然チャンスが他人づてで、ポンとやってきたという話もよく聞きます。

つまり、その人に最善のタイミングで神様のギフトが届いたと感じることがあります。

私達は、夢に向かっているときに、なかなか叶わないと悩みますが、夢が叶っていなくても、それを楽しんでいると、その道が開かれていくと多くの人を見ていて感じることがよくあります。

そのようなときに、フラワーエッセンスの効果を一時的に感じないと思ったとしても、そのサポートが十分だったことがクライアントさんの笑顔でわかります。

そして、泣いていた頃も夢を叶えるためのステップだったと、よい思い出になっていきます。

このようなメールをクライアントさんからいただいたのでご紹介します。

♡Aクライアントさんの例

まず、Aクライアントさんの情報を簡単に説明いたします。

Aさんは、今はご結婚されています。

独身時代も、もともと、うっかりしたところがあり、仕事上のミスも多く、仕事をしていても、いつも悩んでいました。

結婚した当時は、仕事をしていませんでした。

自由に使えるお金も欲しいと思っていました。

そんなときに、結婚前に通っていたお店からアルバイトをしませんかとお誘いを受け少しだけ働き始めました。

しかし、仕事を始めると、うっかりミスが続きます。

悩んだ結果、病院に行きお薬を飲み、仕事をする選択をしました。

しかし、そのお薬を長く継続することは望んでいませんでした。

そこで、フラワーエッセンスでうっかりミスをしてしまうのをサポートできませんか？　と言うご相談でした。

ずいぶん落ち込んだ様子でした。

カウンセリングと共に、アドバイスとして、今、通っている主治医に、まず、その旨をお伝えしてみてはいかがでしょうかとお伝えしたところ次のご報告がありました。

（前文は省略）

先日は濃厚なカウンセリングをしていただき、本当にありがとうございました。たくさん泣いたからか、あの後グッタリしてしまいましたが、よい運動の後のような感じで、とてもスッキリしました。

カウンセリングの後病院の予約があり、お薬は、漢方に切り替えながら徐々にやめていく方向になりました。

フラワーエッセンスはタンブラーに入れて、今日から早速仕事に持ってきています。

フラワーエッセンスを舌に垂らしたら、「おっ」と思う感覚があり、これから楽しみです！

本当の私に戻ったら、どうなっちゃうのという気持ちもありますが…。

自分を信じて頑張ってみます。

旦那さんや上司にはタイミングを見てお願いしてみるつもりです。

また変化があったらご報告しますね。

ありがとうございました！　取り急ぎお礼でした。

以上です。

何かを選択するにも、いろんなアプローチ方法があります。

このように、自分の治療に対して、主治医に自分の希望を伝えることは大切でしょう。

また、治療に対して、どんな方法が他にあるのかの情報を知るのも治療選択の幅が広がります。フラワーエッセンスは病気には効果がありません。しかし、病気になるような感情にはよい作用をします。

まず、カウンセラーは必ず病気に対しては医師の診断に従ってください。

そのサポートとしてフラワーエッセンスを試してください。と言ってください。

また、精神的な治療をされている人は主治医にフラワーエッセンスを飲んでいますとお伝えするのもよいと思いますとクライアントさんを促してあげましょう。

では、Ａクライアントさんのメールの続きです。

こんにちはAです。

先日はカウンセリングありがとうございました。

まだエッセンスは残っているのですが、ちょっと嬉しい変化があったので経過報告させてください。

長くなってしまいましたが、お付き合いいただけたら幸いです。

エッセンスの入ったスプレーは職場に置いて使っていて、疲れたときにスプレーするとすごくリフレッシュできて体が軽くなります！

すごいですね。

接客のときもよいテンションが保てる気がします。

お茶を飲むより元気になれます。ありがとうございます。

それから職場で最近スタッフの似顔絵等、色々な物にイラストを描くようになり、お客様の口コミでなんと私のイラストを使って絵本をつくることになりました。

また、自分の上司の先生の執筆する本の挿し絵も頼まれました。

子供のとき、挿し絵やイラストを書く人になりたかったので、まさかこんなところで夢が叶うとは…。

まだまだ完成は先ですが…スゴいです。

フラワーエッセンス効いてますよね！

また、更にお給料を上げると言ってもらえました。

まさかです…。

休日はウォーキングして体力づくりしろ！　と言われたので、まだ勤務日を減らしてほしいとは言えていませんが…。これは増える予感？　今は言うタイミングを伺っています。

あと、河津さんに「働いて好きなものを買ったりするのは楽しいこと」と言っていただいてハッとして、久しぶりに自分のために、ちょっと頑張ったお値段のお洋服を買って嬉しくなり、働くの楽しいなーと思えました。

今までお金は必要なものにしか極力使わないようにしていて、「結婚したら好きなものは我慢して節約しないといけない」って周りの大人たちに聞いてずっと育って来たので、それに捕らわれ過ぎて、自分で苦しくしていたんだなーって気づきました。

確かに貯金や節約は大事ですが、自分で稼いだお金なのだし、時々は自分を喜ばせるために使って励みにしてもいいんですね…。

これがしたいから、あれが欲しいから頑張ってお金稼ぐぞーとか…。

なんでこんな簡単なことに気づけなかったのかな…って。

独身のときお洋服買いすぎてお小遣いがよくピンチになっていましたが、

「結婚したらもう滅多に買えないから、買うなら今しかない」と思ってたかもなぁ…とも気づきました。

そんな訳ないのに…（笑）単純にストレス発散とかもあったと思いますが…。

今考えると笑っちゃうような感じなんですが、真剣にそう思ってしまってたんですよね。

ほんとに、なにごともバランスですね…。

長くなってしまいましたが、途中経過報告でした！

読んでくださりありがとうございました。

また何か変化したら、報告させてくださいね。

ではでは。以上です。

クライアントさんはご遠方の方でオンラインでカウンセリングしました。

このときは、ペンディュラムを使った方法でフラワーエッセンスを選びました。

この掲載をお願いしたところこんなメールをいただきました。


わぁ♪　ありがとうございます。

シェア大丈夫です。

きっとわたしと同じようなことで悩んでる方がいらっしゃるかもしれないので、よかったら使ってください！　恥ずかしいですが…（笑）以上です。


あるクライアントさんの体験談が他のクライアントさんの励みになることがあります。

カウンセラーの人はブログなどで、クライアントさんに許可を取って個人を特定できないような形で採用させていただくのはおすすめです。

4　クライアントさんを信頼、クライアントさんとの信頼関係

♡言葉以外の情報を注意深くみる

クライアントさんからの言葉以外の情報を注意深く見ましょう。

カウンセリングをしているときにクライアントの言葉だけを鵜呑みにしないようにしましょう。クライアントさんとカウンセラーの信頼関係が築かれていないときは、本音まで辿りつかないこともしばしばあります。

しかし、カウンセリングをしていると、クライアントさんがいろんな情報を伝えてくれます。カウンセラーは表情や体の動き、姿勢のそれらから読み取ることができます。

例えば、注意してクライアントさんの身体の動きを見ていると、言葉以外の情報をボディーランゲージで伝えています。

心理学の本などを読んでいただければ、ボディーランゲージがどのようなメッセージを伝えているのがわかります。

♡何かを話しているとき（ボディーランゲージ）

① 顔の表情は、何か思い出していただく質問に対して、視線はどの方向を向いていますか？どちらに首を傾げていますか？　あごの角度は上向きですか？

笑ったときは、目の横に笑いじわが出ていましたか？

アイコンタクトはとれていますか？

② どのような姿勢で椅子にかけていますか？

前のめりになっていますか？　深々とかけていますか？

体を小さく丸めていませんか？

③　クライアントの手元は、足元はどんな動きをしていますか？

身体のどこかを頻繁に触っていたり、押さえていたり、動かしていたり、貧乏ゆすりはしていませんか？

上半身に力が入って固まっていませんか？

④　カップルカウンセリングをしているときに

パートナー達はお互いに足を組んでいるなら左右の足のどちらが上になっていますか？

お互いはどんな風に座っていますか？　お互いがそっぽを向いているようにみえますか？

このようなサインの意味をカウンセラーが理解することで、言葉では表現されない、クライアントさんの隠れた心理を理解でき、カウンセリングの助けになります。

では、上記のボディーランゲージについて説明します。

♡視線の動き

カウンセラーからクライアントさんを見て、

視線が右上＝視覚の記憶（見たことのある光景、映像）過去にアクセス

視線が左上＝視覚の想像（見たことのない光景、映像）未来にアクセス

視線が右横＝聴覚の記憶（聞いたことのある音、言葉）過去にアクセス

〔図表１　カウンセラー側から見たクライアントさんの視線の動き〕

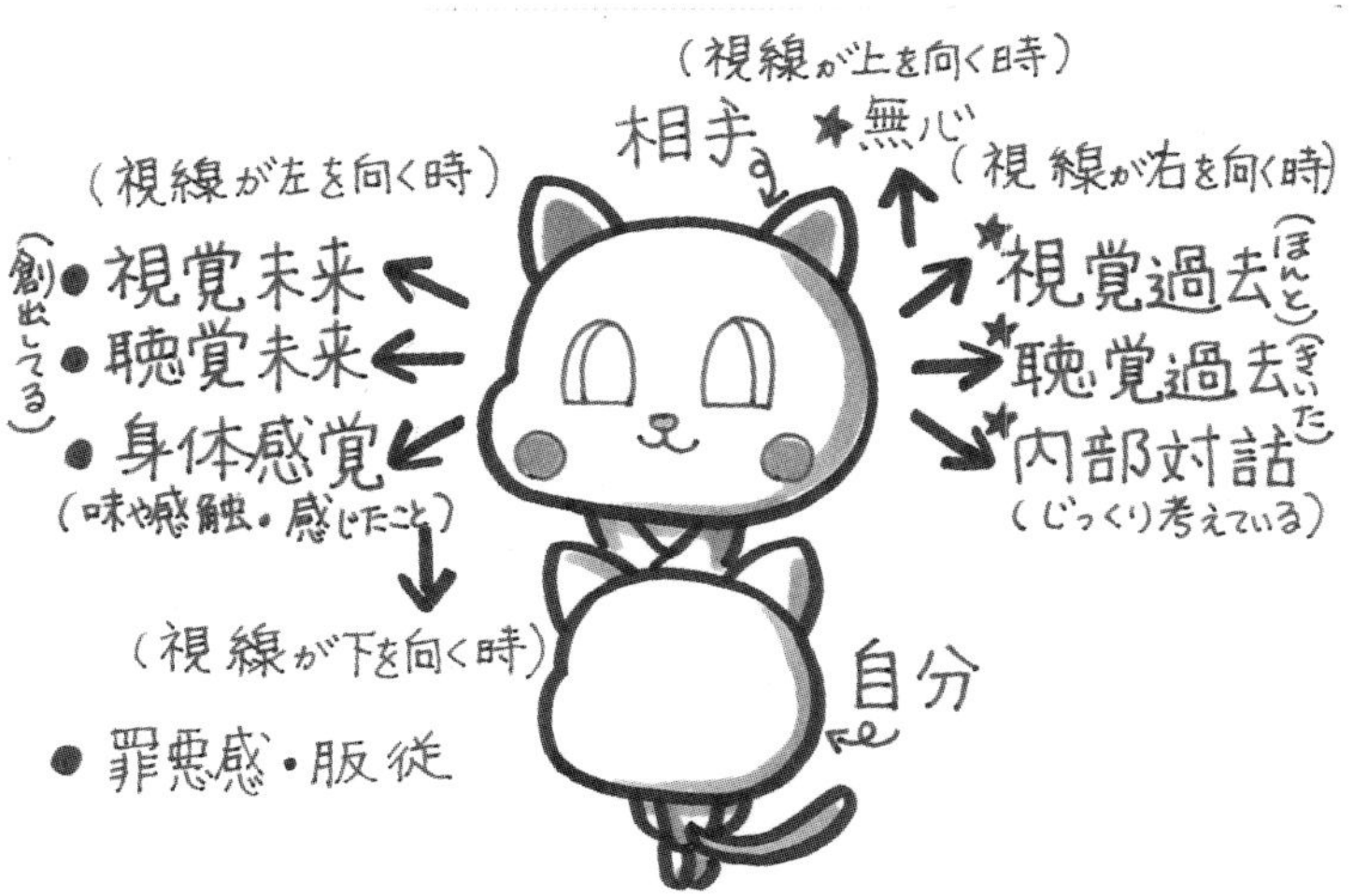

視線が左横＝聴覚の想像（聞いたことのない音、言葉）未来にアクセス

視線が右下＝内的会話（セルフトーク）自分の考えをまとめたり、分析している。

視線が左下＝身体感覚(触覚、嗅覚、味覚)自分自身の心にアクセスしている。

視線が上＝無心

視線が下＝罪悪感、服従

★視覚の場合は上に視線が動きます。

カウンセラーがクライアントさんに昨日、何色の車に乗ったの？　と質問し、そのときに、本当のことを思い出している場合は、カウンセラー側からするとクライアントさんの視線は右上に動きます。嘘をついて、つくり話をしているときは、左上に視線が動きます。

クライアントさんを見ていてクライアントさんの視線が、

●右上、右水平に向く

想起、記憶とアクセスしています。

●左上、左水平に向く

構成、想像とアクセスしています。

★聴覚の場合は左右に視線が動きます。

カウンセラーから見てクライアントさんが記憶にある音、飼っている猫の鳴き声を思い出しているときは、右に視線が動きます。

カウンセラーから見てクライアントさんがつくり出された音、低い低音を頭の中で響かせましょうと言われたときは、左に視線が動きます。

★身体感覚は左下方に視線が動きます。

カウンセラーから見てクライアントさんが記憶にある感覚、飼っているペットに触れた手触りやお気に入りの香水の香りなどを思い出しているときは、左下に視線が動きます。

★内的対話は右下に視線が動きます。

カウンセラーから見てクライアントさんが内的対話をしているときは視線が右下に動きます。つまり、自分自身と話をしています。

例えば、カウンセラーになる夢が叶ったら私はどうなるのかな？　叶ったら周りの人は私をどう思うかしら？　などとあれこれ考えているときです。


上記に書いた目の動きは、一般的に右利きの人のパターンとなります。

左利きの人や、深いトラウマを思い出すようなときは、正確なパターンを示さないことや、反対のパターンの場合もあります。

あくまでも、これは参考程度にしてください。

ただ、上下の視線の動きは反対になることはありません。

（ここでは、カウンセラーから見たクライアントさんの視線の動きで説明しています。紹介した視線の動きを自分自身に当てはめると、視線の動きは反対になりますので注意してください）。

目の網膜は発生学的にみても、脳の一部が外に出ている部分と言われています。

例えば、初恋の相手は誰ですか？　と聞かれたときに、視線を動かさないで思い出すのは難しいのです。

そのような理由から、クライアントさんの視線の動きをよく観察すると、おおよその、相手の内的情報を得ることができます。

これらの目の動きは、側部眼球運動と言います。

〔図表2　顔の左半分は本心、右半分は建前〕

ＮＬＰ用語では、アイアクセシングキュー・視線解析（Eye Accessing Cue）といいます。

１８９０年にアメリカの心理学者のウィリアム・ジェームズ（William James）が眼球の動きと内的表象との関連性を示唆しました。

その後、ＮＬＰ（神経言語プログラム）の創始者の１人であるロバート・ディルツ（Robert Dilts）が実験で脳波の記録から、眼球の動きと内的表象とのパターンを発見しました。

では、実際のボディーランゲージを例にします。

①顔は左半分に本心が出ます。右半分に建前がでます（図表２）。

【あごが上がっている場合】

自信がある。

相手より優位な立場に立ちたい。

プライドが高い。
相手を否定、挑発している。
軽蔑、見下している。敵意を持っている。

【あごが下がっている場合】
自信がない。
同調している。
心を開いていない。
猜疑心を感じている。

【首】
○首を横に向ける
同意していない、不快に感じている。
○首を回す
怒っている、関心がない。
○首を触る
緊張しているとき。

身を守ろうとしている。

首は体の弱い部分のため、相手を信頼していると見せます。

傾けていた首をまっすぐに正した場合は、話の内容に納得してない場合があります。
○相槌をうつ、首を前に動かし傾ける
理解や同意を表します。


【笑顔】

嘘をついて笑っているときは、本当の笑顔（ジーニアススマイル）にはなりません。

本当に笑っているときには、目の周りに、目の横にしわができます。頬の筋肉、さらに顔の筋肉全体が上に押し上げられるためにしわができます。つくり笑いではこのようなしわはつくれないと言われています。

口から目の順番で動くのが本当の笑いです。

また、きつく結ばれた口元は不快を感じているときです。


【アイコンタクト】
○視線を向ける
話を聞いている。

過度に及ぶ場合は双方に緊張感がある。

○視線を外す

話を聞いていない。

心に病を持っている人、自閉症やアスペルガー症候群の人などはアイコンタクトが取れない場合も多い。

【腕組み】

腕組みをしているときは、拒絶や自己防衛。

【顔をさわる】

口や鼻をさわるのは嘘をついていたり、自信がないとき。

鼻を頻繁に触るのは嘘をついたストレスを感じ副交感神経が活発になり、鼻の中の内部組織が膨張するためにむずむずするのです。

手を頬にあてるのは、疑っている。つまらない。

口に触れるのは不安感を感じてる。

【体の姿勢】

前のめりに話を聞いている場合は、その話に興味がある。

体を小さく丸めているときは自信がなかったり、防御している。

嘘をつくと、そわそわしているのがばれないようにするため、動きを止めるために、上半身に常に力が入ります。

重力に逆らうような場合は喜んでいるとき。

例えば、喜んでいるときは手が高く上がります。落ち込んでいるときは、腕も肩も前に下がります。

【椅子に腰掛けているとき】

○浅く腰掛けている

緊張している。警戒している。

人付き合いが苦手。

○深く腰掛けている

リラックスしている。

自信がある。

○足を組み替える回数が多いのは、その場から離れたいとき。

【手の表情】

嘘をつくときは、口元に手をやり表情を隠す。またポケットに手を入れる。

嬉しいときは手を挙げ、広げる。

両手を広げ椅子にかけている場合など、自信がある、優位を感じている。

腕を組むのは自己防御。警戒している。よく考えている。

拳を握っているのは怒り、不快に感じてる。

手を頻繁に動かしているときは、考えているとき。

机などをトントン叩いてるときは怒っている、納得できないとき。

手のひらを見せるときは相手を受け入れている。

頭を掻くのは、困っているとき。

頻繁に体を触っているのは、不安や緊張しているとき。

【体の向き】

親しい者同士の場合、体の向きは、体の前面がお互いに向き合っています。居心地が悪くなると、どちらかが、またはお互いに体を背けます。

足の向きも同じで、親しいと組んだ足の上側が、相手側に向きます。特に足元のほうが胴体の向きよりも隠しにくく気持ちが出やすいです。

【その他】

○嘘をつくときは、２人の間になにかしら、物を置くといわれます。
○パートナーと無意識に同じ動きをする（ミラーリング効果）。
　例えば、１人がお茶を飲んだら、もう1人もお茶を飲むと、最初にお茶を飲んだ人は後からまねた人を肯定的に捉えます。
○男性の左側に女性が座っている。このような位置関係は男性にとってリラックスできている女性ということです。
　通常は、主導権を握る側は右、リードされる側は左に座ります。
　ボディーランゲージ body language とは、音声によらず、肉体の動作を利用した非言語コ

ミュニケーションの1つ。
身体言語や身振り言語とも呼ばれています。

5　セッション中のクライアントさんの反応

♡事例を公表するときはクライアントさんの許可をいただいて記載する

個人情報の取り扱いは細心の注意をしましょう。

また、法改正もありますので気をつけてください。

クライアントさんに個人情報を記入してもらう場合、個人情報の重要性を踏まえ適切な管理をすることが大切です。個人情報保護法について調べたいときは調べられるサイトがありますので活用してください。

自分のウェブサイトなどには、個人情報保護法の取り扱いの記載を載せておきましょう。

私は現在まで、カウンセリングをしていて、1度だけ個人情報についてお問い合わせがあったことがあります。

ブログで、許可をいただいたクライアントさんの事例を載せていたので、それを見たクライアントさんが「私のことを公表しませんか?」と言う内容でした。

もちろん、本人と断定できるような情報や、お名前を乗せることはありませんが、きっと心配に

（個人情報保護法例文の参考例）

【個人情報保護法（プライバシーポリシー）のお取り扱いに関して】

★【収集について】
○○○では個人情報を申し込み時、カウンセリング時、お問い合わせ時に収集いたします。
そして収集いたしました個人情報は、ご本人の同意を得た範囲内でのみ利用いたします。

★【目的】
ご本人様へのご連絡
ご本人様からのご質問の回答
ご本人様へのサービス提供の為

★【個人情報取り扱いと安全性の確保】
個人情報の保護にあたり、不当なアクセス、紛失、漏洩、改ざんなどを防止する。その為に個人情報を厳重に保管するための対策を実施します。

★【個人情報の第三者への提供または啓示について】
ブログや書籍に事例を紹介するなどの場合は、個人情報保護法（プライバシーポリシー）を遵守します。

また、ご本人の同意なく第三者に開示または提供することはありません。

　ただし、裁判所、警察、消費者センター、またはこれらに準じた権限を持った機関からの合法的な要請の場合に限りましては、情報を開示、提供させていただきます。


【個人情報の訂正、削除】

いただいた個人情報に関しては、内容に訂正、追加、削除を求める場合は、ご本人様より請求することができます。ただし、その場合はご本人様とご確認させていただいた場合に限ります。

○○○○カウンセリング　氏名○○○○

（○○○○年○月作成）

【お問い合わせ先】
ご不明な点はお問い合わせくださいませ。
郵便番号　○○○～○○○○
住所　○○○○○○○○○○○○○
電話　○○—○○○○—○○○○　fax ○○—○○○○—○○○○
E メール　○○○@○○○○.com
担当　○○○○カウンセラー　氏名○○○○

なったのでしょう。

そのようなことから、ウェブサイトやブログなどにクライアントさんの事例を公表する前には、ご本人に許可をいただけたことも記載しておきましょう。

6　クライアントさんによってアドバイスは違ってくる

♡カウンセリング自体が勉強の場

カウンセリングでは、クライアントさんによってアドバイスが変わります。あるクライアントさんには、「もう少し職場の仲間に自分の意見をお伝えしてみてはいかがでしょうか？」ということがあります。

しかし、あるクライアントさんには、「もう少し職場の仲間に言いたいことの半分ぐらいだけにして、お伝えしてはどうでしょうか」ということがあります。

職場のコミュニケーションの取り方がテーマでも、クライアントさんが変われば、アドバイスは全く違うことがあります。

つまり、それぞれのクライアントさんに対して、同じアドバイスはありえないでしょう。

また、○○ができないと言うクライアントさんに対して、「もっと頑張ってみてはいかがですか」。

やり方がわからないなら、「こんなことを調べてみてはどうですか」と具体的なアドバイスをするだけで、問題が解決することがあります。

また、別のクライアントさんが、「○○できない」と言えば、「そうですか。では、やらない選択をしましょう。もう問題は解決しましたね」と促すこともあります。

すると、クライアント「○○をしたくないのだけど、しない訳にいかないのです」と自ら、それに取り組む覚悟を決めることもあります。

カウンセリング経験を重ねているカウンセラーは、それぞれのクライアントさんの性格を早く掴んだり、ボディーランゲー

ジなどから読み取ることが上手いでしょう。

これは、経験を伴うことで身についてくるでしょう。

カウンセリングを重ねることでカウンセラーは、日々、色々なパターンを経験していきます。カウンセリング自体が勉強の場になるのです。

♡バッチ博士の言葉

バッチ博士が述べている下記の言葉は、フラワーエッセンスカウンセラーを志す私たちにとても大切です。

霊的、精神的な治療者や医師の務めは、患者に物質的な治療を施すだけでなく、生きる上での誤りを一掃する方法を教え、健康と喜びを取り戻すよう促すことです。

7　モチベーションを保つ大切さ

♡自分を実験台に経験を積む

カウンセラーになると、時には迷うこともあるでしょう。

そして、カウンセラーとしての自信を失うような出来事も経験するかもしれません。

しかし、そんなときこそ、フラワーエッセンスカウンセラーを目指しているなら、フラワーエッ

センスを飲んでください。

そして、その体験をどのようにクリアーできるか、自分を実験台にして、経験をしてください。

それは、今後のクライアントへのアドバイスにも役に立つでしょう。

フラワーエッセンスカウンセラーになると決めたら、自分自身が、あまりネガティブな感情に長い間身を置いたり、深入りしないことも学ぶチャンスです。

♡同じカウンセラー仲間が助けになる

このようなときに、同じカウンセラー仲間が助けになるでしょう。

そのために、ワークショップなどに出席したときにできた友人との交流を大切にしましょう。

フラワーエッセンスを1つ記憶するにも、カウンセラー仲間と「こんなときはこのフラワーエッセンスね」と話していると忘れにくいものです。

そして、お互いの近況を話したりすることで、仕事へのモチベーションが上がります。

このような関係を大切にすると、双方にとってカウンセラーとしての成長速度も上がります。

また、お互いにカウンセリングを練習することもでき、お互いにとって勉強になります。カウンセラーになると、あまり他人のカウンセリングを受けなくなります。

しかし、よいカウンセラーは自分の課題にも向き合いながら、自分自身を癒していくことを忘れないでしょう。

カウンセラーが自身を癒すのにあたり、自分では気づきにくい部分があるものです。そのことを理解しておくことは大切です。

そして、それをサポートしてくれるカウンセリング仲間が居ることはお互いに助けになるでしょう。

他人のよいカウンセリング技術を取り入れるのにも柔軟でいることも大切です。

カウンセラーは自分の不得意分野からは、物事の本質をみることができにくいものです。

しかし、カウンセラーが柔軟である姿勢がそのようなときに助けになります。

また、自分が不得意な分野であれば、それを解決できる仲間を探しましょう。そして、信頼して委ねることが大切です。

カウンセラーが決して、クライアントさんを自分だけで囲うようなことはしないようにしましょう。

クライアントさんにとって一番よい選択を心がけましょう。

フラワーエッセンスカウンセラーであれば、同じ分野のカウンセラーやまたは、分野は違っても尊敬できるカウンセラー、師匠がいることは助けになります。同じ想いを持った仲間や師匠といい関係を育てるように心がけましょう。

そして、カウンセラー自身も無理をしすぎないで休むことの大切さも学んでください。

休むことで自分を大切にすることを学んでいないカウンセラーは、頑張ることを教えてあげられても、休むことで得られる恩恵を教えてあげられません。
動と静のバランスをカウンセラー自身も取るようにしてください。

8　フラワーエッセンスカウンセラーとしてのブラッシュアップ

♡テクニックは日々進化・進歩している

フラワーエッセンスカウンセラーとしても、カウンセリングの技術や技法を学び続ける心がけは大切です。

フラワーエッセンスを続けていると、クライアントさんは成長します。カウンセラー自身も、現状に甘んじないで技術や知識の勉強と共にカウンセリング経験をすることも大切です。

そのために、良書を読んだり、フラワーエッセンスのワークショップや関連するワークショップに行ってみるなどしてみましょう。

フラワーエッセンスのつくり手自身も進化しているし、新しいフラワーエッセンスもつくられています。

テクニックも日々進化、進歩しています。

また、災害や事件の情報さえも、カウンセラー自身の幅を広げてくれます。

例えば、各ブランドの新しくでたばかりのフラワーエッセンスが、そのときの時期を乗り切るのに、手助けをしてくれる必要な波動が入っていたりします。

人類全体のショックになるような大きな大災害のあったときに、人々や場所をサポートするフラワーエッセンスがクローズアップされたり、魂を救うようなフラワーエッセンスが新しくつくられたりします。

大震災が遠く離れていて、自分にはあまり関係ないと思っていても、私たちは深い部分では繋がっています。

そのために、その影響をあるレベルでは受けています。

フラワーエッセンスのつくり手達は、そのことを十分理解しているので、エッセンスを被災地に無償提供をしたりしています。

東日本大震災ときも日本へ多くの海外ブランドから、世界のフラワーエッセンスを扱うネイチャーワールドさんを通じて日本にフラワーエッセンスが無償提供されました。

そして、この時期は多くのブランドのワークショップで、この震災への癒しのワークが行われました。

♡最新のエッセンス情報を知ること

新しくつくられるフラワーエッセンスは、その時期のネガティブなエネルギーを相殺できるようなエネルギーを持っているものがつくられています。

ブランドによっては、フラワーエッセンス本体が、その時代のエネルギーに合わせて自動的にバージョンアップするものもあります。

そして、少し時代の先行くようなエネルギーのフラワーエッセンスが出てくることもあります。

そのような発売された最新のエッセンス情報を知ることは大切です。

また、フラワーエッセンスはブランドによって特徴があります。

効果の現れ方の違いや、得意分野があります。

カウンセラー自身が持っているブランドの中だけでは、クライアントさんに必要なテーマだけど、より的確なエッセンスがない場合もあります。

そのようなときは、他のブランドにそれを手助けできるフラワーエッセンスがないかを調べてみましょう。

9　クライアントさん側からのコントロール（操作）

♡カウンセラーを振り回すような行動で現われる

カウンセリング時に起こるコントロールは、クライアントさん側からも、カウンセラー側からも起こりうることです。

しかし、ここでは、クライアントさん側からのコントロールについてお話しします。

クライアントさん側からのコントロールは、カウンセラーを振り回すような行動で現れることがあります。

このようなネガティブな行動の裏は、カウンセラーからの愛情を確認したいための行動である場合もあります。

他人からの愛情を感じたいのに、あえて反対の行動や発言をして、相手を逆なでるようなことを意識、無意識でします。

例えば、毎回、遅刻をしてしまう。

カウンセリング日時を当日や予約日近くにキャンセル変更したりを続けます。また、カウンセリング後に相談メールが必要以上に届く。

その行為はまるでカウンセラーの忍耐力を試されるかのように続きます。

そのようなことは、カウンセラーとして、思いやりをもって対応をすると同時に、カウンセリングをするのにあたって、キャンセルポリシーをしっかりつくることで防ぐことが可能になります。

また、そのようなクライアントさんは相手をコントロールしてしまうのを止めるエッセンスを飲むことで、多少軽減していくかもしれません。バッチフラワーレメディの【チコリー】があります。

また、カウンセラーもこのようなときに、思いやりを持てない対応に出てしまうのであれば、フラワーエッセンスを飲みましょう。

例えば、毎回予約前にキャンセルするクライアントさんに、いい加減にしてくださいと怒りをぶちまけてしまったカウンセラーがいました。

クライアントさんはメールで謝ってきましたが、その後のカウンセリングの予約は入らなくなったそうです。

これでは、お互いにあまり理想的ではないです。

カウンセラーは自分の視点で考えがちですが、クライアントさんも自分でそのようなことがしたい訳ではなく、バランスを崩しているからこそ、このようなことが起きていると、思いやりを持ちましょう。

例え、クライアントさんがこのようなことをしても、その裏には悲しい気持ちや、不安などがあると理解していれば、そのようなときに、どのように接することが賢明かはわかってくるでしょう。

決して、クライアントさんと同じ立ち位置の考え方、行動をしないようにしてください。

カウンセラーがクライアントさんと同じ立ち位置に立っているときはカウンセラー自身がネガティブな感情を感じます。

その感情がクライアントさんと同じ位置にいることを教えてくれます。

例えば、クライアントさんが失礼なことをしたときに怒りを感じたり、落胆したりするでしょう。

しかし、クライアントさんにそのまま感情をぶつけてしまうのでは、カウンセラーとして成長できるチャンスを逃してしまいます。

このようなときには、まず自分自身のバランスを取ってから対応しましょう。

また、多くの人が、このような他人からのコントロールを感じると、最初は気がつかなくてもだんだん不快な気持ちになってきます。

予約時にやりとりなどで、すでにこのようなタイプのクライアントさんだとわかったときには、まずカウンセリングを受ける前にカウンセリングのルールを話しておくのはいいでしょう。

♡初めてカウンセリングを予約された方のとき

また、初めてカウンセリングを予約くださった方々には、カウンセリング日時の確認メールやカウンセリングルームへの地図と共に、どのクライアントさんにもカウンセリングを受ける前に、カウンセリングルールが記載されたメールを送るのもよいでしょう。

もし、クレームになったときに、カウンセラー側が言わなかったことや記載されていなかったことを、指摘されないようにもしましょう。

もちろん、そのようなクライアントさんは、そんなにいませんので安心してください。

ただ、わずかにいるそのような人と、お互いにとってよりよいカウンセリングを進める上では、カウンセラー自身が手落ちなく、事前に書類を準備したりすることで防げることもあります。

♡挑発してくるクライアントさんの対応

クライアントさんの中には、カウンセラーを挑発してくる人もいます。

これは、クライアントさんを外見から見た感じにはわかりにくいです。

とても静かなタイプの人、とても礼儀正しい人であることもあります。

そのような人の多くは、葛藤を抱えていて、この苦しみから逃れたいとカウンセリングに来ますが苦しみの元はまだ手放したくないと思っているかのようです。

そして、私の苦しみはあなたも解決できないというような言葉や反応をします。

このときにカウンセラーはそれができないことに罪悪感や敗北感を感じるかもしれません。

また、なんとかしようとやりすぎてしまうかもしれません。

このようなときには、カウンセラーは相手の問題に巻き込まれてしまっています。このようなクライアントさんを初心者のカウンセラーが対応するとカウンセラーが自信をなくし、その後カウンセリングができなくなる人もいます。

例えば、家族や友人にカウンセリングをしたら、まったく効果を感じなかったと言われた後に、カウンセリングを止めてしまったカウンセラー初心者もいます。

カウンセリングができなくなったカウンセラーは、自分自身の抱えている未解決の問題と後記のようなことがなかったかも思い出してください。

クライアントさん側の問題とした場合、変化や効果を本人が自分では感じられないのかもしれません。

また、フラワーエッセンスを飲まなかったらもっと辛い気持ちを感じていたのかもしれません。

このようなときに、「最近、周りの人は何か変化しましたか？」と聞いてみるのもいいでしょう。

つまり、周りの変化はクライアントさん自身が変化したので、周りの人も変化したとも考えられます。

また、「最近は何か新しいこと、気になっていたことをしませんでしたか？」と聞いてみてください。

クライアントさんが「最近はずっと気になっていた部屋の掃除をしました」「実家に1年ぶりに帰ったぐらいです」といったとしたらこれはとても大きな変化です。何年もしなかったことをしたのですから。

カウンセラー側の問題があるなら、調合するフラワーエッセンスをもう少し本数を増やしたり、問題のテーマを絞ったほうがよかったのかもしれません。

このようなことを知っておき、自信をとり戻してフラワーエッセンスを必要としている人にカウンセリングしてあげましょう。

フラワーエッセンスを必要としている人は周りにたくさんいます。

第3章　カウンセラーとしての心の準備

1　カウンセラーとしての強みは

♡常に新しい情報や世の中の流れなどに興味を持つ

カウンセリングをしていると、クライアントさんの感情だけのフォローでなく、クライアントさんに具体的に行動する方法や考え方をアドバイスすることも出てくるでしょう。

例えば、夢を叶えたいと頑張るクライアントさんに対して、最初に目標設定が明確になっているかを確認することも必要になるでしょう。

クライアントさんの目標設定を確認して、クライアントさん自身が見えていない箇所を、カウンセラーがアドバイスできることは、クライントさんには助けになるでしょう。

また、現実に夢を具現化する力の、その前に、どう行動したらよいかわからない、または、どう情報を調べたらよいかわからない、という段階で、足踏みをしている人たちも多くいます。

このようにフラワーエッセンスカウンセラーという仕事は、あらゆる相談を受けるでしょう。

そのために、カウンセラーは、色々なことに興味を持ち、常に新しい情報や世の中の流れに興味を持っていると、クライアントさん側から見たら、理想のカウンセラーとなるでしょうし、他のカウンセラーとの差別化ができる1つの強みになります。

♡私は右脳派、左脳派カウンセリング？

まず、あなたのフラワーエッセンスのカウンセリングは直観力を使う、または直観力使わずにフラワーエッセンスを選んでいく。どちらでしょうか？

これを最初に決めて、あなたのカウンセリングの強みにしましょう。

そして、それを前面に打ち出していくことで、そのカウンセリングを好むクライアントさんを引き寄せます。

例えば、男性をカウンセリングする、女性をカウンセリングする。自分のターゲットをどちらにするのか。

そして、女性なら恋愛フラワーエッセンスカウンセラー、ママの相談相手と決めるのか。それに合わせたホームページやブログのカラーや写真を統一して発信していきましょう。

2　好転反応について

♡好転反応とは

フラワーエッセンスを飲むと、多くの初心者の人が体験することがあります。

例えば、仕事を何か月も休まずに働いていた人が、フラワーエッセンスを飲んだら、風邪をひく、だるくて眠いなどです。

フラワーエッセンスを飲むことと、風邪の因果関係が本当にフラワーエッセンスだったかどうかは調べないとわかりません。

しかし、日頃頑張りすぎている人でフラワーエッセンスを飲むのが初心者の人は、飲んだ後に、体調を崩すことはよく報告を受けます。

このような場合は好転反応が起きたという表現をします。

（ただ、簡単に好転反応と言う言葉でかたづけないでください。カウンセリングの業界の中では、このように言われていることもまだまだ多くありますが、好転反応とは本来は薬を飲んだ後の反応だけにしか使われない言葉です）

♡クライアントさんが体調を崩したとき

あるクライアントさんは、うつ病でカウンセリングに来ましたが、カウンセリングを進めると死の恐怖を持っていました。

更にそれについて深めると、過去に自殺した友人を助けられなかったことに罪の意識を持っていました。

そして、カウンセリングの次の日に朝から風邪をひき高熱で寝込むことになりました。

深いカウンセリングをした後のタイミングでこのようなことが起きることもあります。

このようなことが起きたときに、どのようなことが関係しているかわかりません。

ただ、クライアントさんが体調を崩した場合は、好転反応と片づけず、すぐに医師の診断を受けるようにお伝えしましょう。

そして、クライアントさんがフラワーエッセンスを飲むのをためらうときには、中断していただき、様子をみて病気が治った後に再開をするようにアドバイスをしてください。クライアントさんが肉体的な問題が出てきたときには、無理をするのではなく、少しでも負担にならないようなアドバイスをしてください。

3　クライアントさんからの拒絶

♡クライアントさん側の捉え方の問題もある

カウンセリングをしていると、時にクライアントさんから拒絶されることを経験することがあるでしょう。

しかし、この場合はカウンセラー側の不適切な言葉や態度以外に、クライアントさん側の捉え方の問題の場合があります。

例えば、クライアントさんが両親との未解決な問題があったり、虐待を経験している場合などは、カウンセラーの発した何気ない一言が、トリガー（引き金）となり、クライアントさんを刺激する場合があります。

クライアントさんは、このカウンセラーは両親と同じようなことを言って、私を全然理解してくれないと考えてしまうことが起きるかもしれません。

このようなことは、気をつけていてもクライアントさん側の受け取り方の問題も含むので、避けられない場合もあります。

♡何がそうさせたかを伺い謝罪しましょう

そのようなときに、クライントさんが感情的になることがあります。

まずカウンセラーとしては、何がそうさせてしまったかを伺い、謝罪しましょう。

それは、そんな気持ちで言ったのではないですよ、と言い訳をしたいところですが、気分を害したことだけに謝罪しましょう。

気分を害してしまったことは、これは明らかな事実です。

謝罪に抵抗がある場合は、不愉快にさせた事実だけについてお詫びをするという姿勢を示しましょう。

そして、クライアントさんの言い分を受け止めることが大切です。

第1にすることは、クライアントの話を聞きましょう。

すると、何が原因でクライアントさんが、気分を害したかが見えてきます。

クライアントさんが、カウンセラーから否定された、理解されていないと感じた部分に気づくことができれば、フラワーエッセンスを選びサポートできます。

カウンセラーは、誤解を解くための言い訳は、必要以上に話さなくてもいいでしょう。

クライントさん自身も、カウンセラーの問題でないことは深い部分で気づいているでしょう。

そして、このようなクライアントさんは多くの人と、このようなことを繰り返ししている可能性があります。

だからこそ、カウンセラーはクライアントさんが今まで経験したような人間関係でなく、まず受け止めて傾聴することが必要なのです。

それによって、クライアントさんの気づきも促せるでしょう。

♡カウンセラー側の問題

カウンセラーであっても、クライアントさんから拒絶されたと感じると、誰もが不快な感じ、恐れを感じるでしょう。

誰もが、愛されていると感じたいのです。

クライアントさんのネガティブな反応は、カウンセラーを悩ませるものではありません。

クライアントさんがカウンセラーから愛されていないと感じた反応です。

大抵の場合はクライアントさんの両親との関係や過去の人間関係が根っこにあるものです。

カウンセラーはクライアントさんと同じ視点に立たないでください。同じ視点に立っているときに、クライアントさんに怒りや不安を感じます。

例えば、初心者カウンセラーのあなたがクライアントさんから不当な扱いを受けたと感じて、怒っているときにはまず、友人から慰めてもらいたくありませんか。

このときに、友人からあれこれ、アドバイスをされたくはないのではないでしょうか。

アドバイスでなく、まず受け止めてほしいだけです。

感情的になっているときには、大丈夫、大変だったねと言ってもらえるだけで十分と感じないでしょうか。

そして、時にはただ抱きしめてもらうだけで癒されませんか？ すると、気持ちが落ち着き、真実がしっかり見えてくるものです。

そのことで、落ち着きを取り戻し、あの人は、私個人に不当な態度をしたのではなく、自分自身の問題が何かあるのだろうかと、やっと考えられるようになるでしょう。

多くの人は本来、必要以上に他人が言わなくても感情が落ち着ければ、自分自身で気づきをえます。

クライアントさんが感情的になっているときに、カウンセラーからも受け入れてもらえなかったと思い、そこまで考えがおよばず、カウンセラーに怒りを持ったり、本来の問題が別のことにすり替えられることはあります。

本来は、クライアントさんがカウンセラーに怒りに向けても何も解決されません。

しかし、クライアントさんが気づきを得るのに、まず、無条件に受容してくれるカウンセラーが助けになります。

私たちは、誰もが時に間違いを犯します。

そんなときも、優しく見守り、時に許してくれる人がいるからこそ、そこから多くを学んでいけるのです。

私達は不完全な自分自身を、受け入れられないことや、自分自身へのダメ出し、お説教のようなものは、心の中で自分にしています。

そのために、カウンセラーはクライアントに、あれこれ言い過ぎる必要はないのです。

♡同じクライアントさんとトラブルが起きたときに

トラブルが起きたクライアントさんと次回も同じことが起きたら、クライアントさんにどうしてそのような態度なのかを聞いてみましょう。

また、カウンセラーの自分も、どこが足りない部分かと自己分析できます。

しかし、カウンセラーもこれ以上は関わることが難しいと思ったときには、クライアントさんに自分のカウンセリングでなく、他の人のカウンセリングを受けるように促してもよいでしょう。

カウンセラーも自分の限界を認識することも大切ですし、それはクライアントさんのためにもなります。

何がなんでも自分がクライアントさんの問題を手助けできると思わないことも必要です。

クライアントさんが他のフラワーエッセンスカウンセラーや、他の治療で気づきを得ることもあります。

一番大切なのは、クライアントさんが少しでも気づきをえられることであり、カウンセラーはそれが今回はできなかったと認め、自分ができる範囲で最善なカウンセリングを続けるだけです。

決して長く落ち込んだりしないでこれもすべてよくなるための学びと受け止めてください。

4 どこに問題があるかを見極める力

♡カウンセリングするテーマを絞る

カウンセリングをしていると、クライアントさん自身が混乱していて、言っていることが、コロコロと変化して、いったい何がカウンセリングテーマか見えなくなるときがあります。

そのようなタイプのクライアントさんが来たときには、まずは、ひと通りあったことをこの時間内に（一定の時間）お話してくださいとお願いしましょう。

つまり、話の時間を区切ることが大切です。

時間が近づいたら、あと何分ぐらいですと声をかけてあげてもいいでしょう。

クライアントさんが混乱している場合は、話が脱線することも多々あります。

カウンセラーは、これをカウンセリングシートに記入しながら、カウンセリングするテーマを絞っていきます。

例えば、クライアントさんが母親との未解決のテーマの話をしていたのに、職場の人間関係への不満に話が変わることがあります。

例をあげます。

「母親は昔から私を認めてくれませんでした。

母親からこんな仕打ちを受けたのです。

そういえば、学校でもクラスの生徒達から、仲間はずれにされました。

だから、私はどこにも安らぎを感じられる場所がありませんでした。

その気持ちは、大人になった今もまだあります。

あの頃は、父親も仕事が忙しいと言ってばかりで、家庭を返り見る人ではありませんでした。

私は父親と旅行に行ったり、どこかに遊びに連れて行ってもらったことはありません。

だから、私の両親は夫婦仲が悪く父は浮気をしていました。

父親はもう他界しましたが、私が男性を信じられないのは、父の影響もあると思います。

そして、母親は、未だに父親にされたことを恨みに持っています。

私は、それを母親から聞かされることにうんざりしています。

私が結婚に希望が持てず、彼ができないのは、そのことも関係があると思います。

私は、いつも自分から彼の元を去っていってしまうようなところがあります。

そして、自分にも自信がありません。

だから、最近は結婚していく同僚を憎らしく思います。

そして、世の中の男性は見る目がないと思います。

こんな風なので、私は何か1人でも生きていけるように資格をとりたいのですが、勉強に集中ができないのです。

それは職場の人が私をイライラさせるからです。

カウンセリングに来たのはこのような理由です」

このようにここにあげたことを1度のカウンセリングで解決することはできませんが、60分～のカウンセリングではこれくらいクライアントさんが話すこともあります。

これでは取り組むテーマがたくさんありすぎます。

まず、カウンセラーはこの話の中から再度質問などをして、今日カウンセリングする内容を絞り込みます。

または、クライアントさんにその中から一番解決したいことを決めてもらいます。

♡有効的なカウンセリングの仕方

カウンセリングは時間が限られているので、初心者カウンセラーは初めてカウンセリングを受ける人には事前に予約メールの返信のときに、テーマを決めてもらっておくと、カウンセリング時間が有効に使えるでしょう。

カウンセラーが、さきほどのようなクライントさんの話を、理解するのが大変な場合は、頭の調整をしてくれるようなフラワーエッセンスを飲んでから、メモを取りながら聞くのもいいでしょう。

カウンセリング中に、メモを取ることに、消極的な考え方もありますが、クライアントさんに「メモを取らせてくださいね」と一声かけるだけで、クライアントさんがカウンセラーに受ける感情も多少変わるでしょう。

また、クライアントさんには前記のように会話を自由にさせない方法もあります。

♡話を長く聞くことは不要との考えもある

ファミリーコンステレーションの創始者のバート・ヘリンガーが著書の中で前記のようなカウンセリングに対して、「私はそのような長いストーリーを聞き入れないでしょう。

身体に痛みが出かねません。おそらくもっと早いうちに遮るでしょうね。私自身の健全な感覚に従わなければなりません。ぶしつけな表現ですが、私の身体に痛みをもたらすようなことがその状況に適切であることはあり得ません」と言っています。

ファミリーコンステレーションは現象学的なことを大事に見ていきます。

そのために前記のようなクライアントさんに対しては話を長く聞くことは不要と考えます。

カウンセリングには、このような考えも大切です。

よくカウンセリングにはカウンセラー自身が最初の頃に、クライアントさんの話を聞き続けてカウンセリング後にぐったりしてしまうことがあります。

それが続くとカウンセラーが仕事として継続する自信をなくしてしまうことがあります。

このようにならないためにも、主導権はカウンセラーが握っている必要があります。

♡グループワークの場合

特に集団カウンセリングの場合にバート・ヘリンガーがこのように言っています。

「グループワークの場合、誰かが不平や泣き言を話し始めると、グループ全体が落ち着きを失い、あくびを始めたり、だらりとしたり、話し始めたりします。それはグループ全体に不快感をもたらし、参加者はそれに対して防御的になります。私の反応は私独自の気まぐれなものではありません」

グループのカウンセリングをするときは、カウンセラーはこのようなことも念頭に置き、リードすることを意識しましょう。

フラワーエッセンスのコースに参加すると、フラワーエッセンスの創始者達はこのような状況があった場合、まず、そのような人の話を止めます。

そして、すぐ休憩を入れたり、話を長々聞かずに、ワークをするときの代表者として選び、そのような人を癒しています。

そして、周りの人たちがその影響を受けないように場を浄化するようなフラワーエッセンスを撒いてくれます。

このように、グループの場合は、カウンセラーはその場を守ることと、安全の為に場全体の主導権を握っていなければなりません。

例えば、前記のようにクライアントさんが感情を自由に話し始めたら、

「なるほど、そうなのですね。わかりました。ちょっとよろしいですか？　ここで一度ご確認させてくださいね」

「はい、わかりました。では、このようなことを経験して○○さんは、どうしたいのですか？　または、どうなりたいのですか？」などと聞いてみましょう。

つまり、過去に目を向けているのを中断させ、未来にどんな希望があるのか？　と尋ねるのです。未来さえ見えていない。辛かった過去にとどまっていることが多いものです。

過去の辛い経験を見続けるのでなく、未来は自分の思うように創造するチャンスがあることに気づいてもらうことは大切です。

例えば、カウンセラーがリードするカウンセリングに、前記のような話を詳しく聞かなくても、キネシオロジーテストやペンデュラムを使って、クライアントさんが今、取り組むのによいフラワーエッセンスを選ぶことできます。

カウンセラーとしてこれらの手法を練習しておくと自分の身心を守ることもできるのでおすすめです。

♡ドラマティックなクライアントさん

スクールなど開催していて生徒さんが集団でいるときに、急に叫び出したり、ドラマティックな感情表現をする人もいます。

その場合、その人が無意識で人の注目を浴びたいと思っていることがわかります。

いつも喧嘩が多く安心できない子供時代を過ごした人や、両親のどちらかがドラマティックな表現をしている環境にいた人は自分がドラマティックに表現していることさえ気づけません。

クライアントさんのAさんの母親はアル中でいつも泣いてばかりいました。

そして、時々、家の中で暴れていたそうです。Aさんは学生時代にはずっといじめられていたそうです。

Aさんは学校を卒業して仕事を始めました。彼氏ができても伝えられないことがあるとすぐ泣いていました。

しかし、彼氏になった人はＡさんがすぐ泣くことに困りいつも離れていったそうです。Ａさんはいつもそのようなパターンが続きやっと、「泣くことが周りがひくことだと気づいた」と言っていました。

つまり、Ａさんの家では言葉で伝えるのでなく泣くことが気持ちを伝えるコミュニケーションとなっていてそれに気づけませんでした。Ａさんは泣くのではなく言葉で悲しいと伝えることが大切と学びました。

ドラマティックな表現でなくおだやかな表現を学び、その後の彼氏とは長期的にお付き合いを続けています。

つまり、ドラマティックな表現をしている人は辛い経験を持っていてそれが癒されていないとも言えます。

5　カウンセラーから見てクライアントさんの変化を感じられない

♡適切に選ばれていればすぐに表面的な変化を感じなくても効果は出る

カウンセリングをしていると、クライアントさんを見ていてフラワーエッセンスを飲んでいても変化を感じない、停滞しているように感じるときがあります。

しかし、フラワーエッセンスは適切なものが選ばれていれば、表面的な変化をすぐに感じなくても、私たちのある層では効果が出ています。

例えば、あるフラワーエッセンスの効果は、コーザル体レベルに効果があるものがあります。それが、時間の経過と共にだんだん下の層に影響してきます。

ここで言う層の順番は、高い層順に言うとコーザル体⇩メンタル体⇩アストラル体⇩エーテル体⇩経絡系⇩身体です。

そして、時間と共に身体レベルに作用として現れることがあります。

病気になる前は、症状が身体レベルで現れる前に、オーラにその前兆が現れます。

また、反対もあり、病気が治る前には、オーラが修復されてきてからそれが身体レベルに現れてきます。

このようなときにはオーラ体のズレや裂けめ、穴を修復するフラワーエッセンスが有効です。オーストラリアンブッシュフラワーエッセンスの【スレンダーライスフラワー】です。

♡クライアントさんが変化を望んでいない

クライアントさん自身が、変化に抵抗している場合や、深いところで変化を望んでいない場合もあります。

また、クライアントさんのそれぞれの個性もあります。

変化に順応するのが早い、変化を好まないなどです。

例えば、クライアントさんの中には厳しい問題から取り組みたい人もいます。

しかし、難しいテーマから取り組まずに、自分自身の自信をつけるような課題にフォーカスしたら、楽しくなってきて色んなことがスムーズに運び出したと言うことも少なくないのです。

自分にとって、楽しい選択をしていくほうが、実は近道であることが多いものです。ここで言う楽しさは、決して自分の好き勝手ではありません。

そうではなく、例えば、何か夢があるならば、今ある職場の問題に目を向けすぎるのではなく、夢を叶えるために必要なスキルを身につける努力をする楽しさにフォーカスすることです。

時々、好きなことをすると言う意味に、責任を伴わない楽しみを考えてしまう場合がありますがそうではありません。

このようにクライアントさんをカウンセリングするときは、１つの問題からだけでなく、違う角度からもクライアントさんをみてみましょう。

違うテーマから取り組むことで、クライアントさんの現状持っている一番の問題が動き出すこともあります。

♡フラワーエッセンスで効果がないこともある

クライアントさんが身体の不調の相談をしてきた場合、話だけを聞いてカウンセリングをしていても、選んだフラワーエッセンスの効果がないこともあるでしょう。

例えば、生体科学などの問題であって、フラワーエッセンス療法の領域でない場合などです。

このようなことから、いろいろな視点から見ることが大切だと心においておきましょう。

♡エネルギーレベルの問題で身体に不調が出ることもある

クライアントが半年前から、頭痛がして困ると言っていたので、キネシオロジーを使い原因を探っていきました。

医師からは何も異常はないと言われていました。

すると、頭痛の原因の意外な結果が出てきました。

クライアントの頭痛の原因の1つにサイキックアタックがありました。

そのときにクライアント自身は、特に思い当たることはなかったようですが、それを暗示するかのような夢を次の日に見たそうです。

それは、クライアントさんが1年ほど前に好意を告白された男性が夢に出てきました。

その男性はその後、結婚したそうですが、時々、まだクライアントの元にメールが届くと言っていました。

そして、フラワーエッセンスを飲んでから、続いていた頭痛がすっかり消えたそうです。

そのとき、キネシオロジーテストで調べたエッセンスの中にはプロテクションが出てきました。

このときには、他のフラワーエッセンスも出てきたので、複合的に効果をもたらしたのでしょうが、このように興味深いことはカウンセリングをしているとよくあります。

彼女はプロテクションをすることで、頭痛が消えたという普通の感覚では理解しにくいですが、このようなエネルギーレベルでの考慮も必要です。

ただ、クライアントさんには同時に頭痛など身体の不調は必ず医師の診断をすすめてください。大きな病気が隠れているかもしれません。手遅れになってはいけませんので、カウンセラーは必ずこれを守ってください。

クライアントさんの言葉だけでフラワーエッセンスを選ぶのでなく、効果が感じられなかったときや、カウンセラー自身がどのフラワーエッセンスがいいかわからないときは、クライアントさんの身体に直接聞いてみる手法のキネシオロジーやＯ―リングやペンデュラムで選ぶのもおすすめです。

♡バッチ博士のフラワーエッセンスを選ぶときの考え方

バッチ博士は、クライアントさんを診るときに、そのクライアントさんの機嫌、個人的傾向に注目しなさいと言っています。

それを怠ると、適切なフラワーエッセンスが選べないと言っています。

私達は風邪を引いたとしても、どのように反応するかはそれぞれ違いがあります。

ある人は心配性になり弱気になってしまうかもしれません。また、ある人は神経質になり苛立ちやすくなるかもしれません。

　バッチ博士はクライアントさんの心の状態をみてレメディを選んでいくのに、人のネガティブな心理的傾向を7つのグループに分けました。

★恐れや心配
★確信ができない
★現状への関心が足りない
★孤独なとき
★人や周囲の影響を受けやすい
★落胆、絶望
★人のことを気にかけすぎている

6　カウンセラーによって選ばれるフラワーエッセンスは違う

　カウンセラーにフラワーエッセンスを選んでもらうと、各カウンセラーによって選ばれるフラワーエッセンスは違ってくるでしょう。
　それは、カウンセラーが、どのような個性を持っているかが関わります。
　例えば、カウンセラー自身が慎重である場合と、楽観的な場合はカウンセラーの個性の違いがカウンセリングにも現れます。

♡どこに視点を当てるかでも変わる

また、同じカウンセラーでも、クライアントさんの問題に対して、どこのレベルに視点を合わせるかによっても選ばれるフラワーエッセンスは変わります。

カウンセラーがクライアントさんの複数の悩みを聞いた場合、どこに優先順位があると捉えるかでも選択されるフラワーエッセンスは変わります。

そして、カウンセラーが最終的にはフラワーエッセンスをブレンドする際に、カウンセラー自身の直感が、フラワーエッセンスの最終ブレンドの選択に影響することもあるでしょう。

♡直感の大切さ

カウンセラーは、この直感を信頼するのも大切な要素の1つです。

直感はマインドを超えたところからの声です。

おおいなる自己や存在からのメッセージです。

理由はわからないけれど、直感でこれがいいと思った場合は追加してブレンドしてみましょう。

その理由は、後からクライアントさんがフィードバックしてくれた話から、必要だったとわかったりするものです。

このように、それぞれのカウンセラーの個性が、フラワーエッセンス選びにも反映されます。

7　転移と逆転移

♡転移とは

伝統的な心理学では転移（Transference）とは、クライアントさんが過去に出会った重要な人（両親など）に対する、抑圧された感情や態度をカウンセラーに向けることです。

クライアントさんが親との関係に未解決な問題がある場合、カウンセラーを親代わりのように思ったりします。

または、カウンセラーが異性の場合はクライアントさんがカウンセラーを恋人のように思う場合もあるでしょう（陽性転移）。

また反対に、ネガティブに表現されると、クライアントさんがカウンセラーを家族に不満を言うときのように、言いすぎて不満や攻撃をすることもあります（陰性転移）。

これもカウンセラーに向けてではありませんが広い意味での転移の一例です。

例えば、クライアントさんが、自分の会社の上司の話をしています。聞いていると、まるで、親に求めるようなことまで言っています。また、上司に対して、異常なまでの敵意や嫌悪感を表現しています。

このような場合はクライアントさんと両親との関係を聞いてみましょう。

すると、上司に対する不満と、両親、またはどちらかの親に対する不満が同じであることがあります。

♡転移が起きる例

子供の頃から、父親が規律に厳しく、いつも怒鳴られていたとすると、上司が同じようなタイプである場合、未解決な父親との関係が浮上してきます。

そのために、上司に対して、反抗的になったり、苦手だったりするのです。

この場合は、まず上司へのイライラする感情的な問題を癒しましょう。

そして、その元になっている父親との関係を癒すフラワーエッセンスを継続して取り組んでもらうのがいいでしょう。

例えば、クライアントさんが、いつも彼氏ができると異常に不安になったり、彼氏に怒ってばかりいる場合、自分の過去を振り返ってもらいましょう。

「今の彼氏と同じように、自分を不安にさせたのは誰かいないでしょうか」と聞いてみてください。

例えば、クライアントさんとの関係で重要人物。両親、兄弟、教師、友人など。

それが癒されることで、言葉や態度に異常に反応しないで、冷静に失敗や上司を見ることが可能になります。

このようにクライアントさんの発するネガティブな言葉には、それらを癒すためのヒントがたくさん隠されています。

そして、この例と同じようなことは、カウンセラーとクライアントさんの関係でも起きます。

♡**逆転移**

カウンセラーがクライアントさんをまるで自分の両親や兄弟姉妹のように親しみを持ってしまったり、子供や恋人のように必要以上に介入してしまう場合を逆転移と言います。

この場合はカウンセラー自身が自分の問題に取り組み、そして癒されていなければ、起きやすくなります。

カウンセラーがクライアントさんの話を聞いていると「この人、かわいそう。昔の私みたい。

なんとかしてあげたい。辛そうだからもう少し無料で延長して話を聞いてあげたい」と思ったら逆転移が起きています。

ネガティブに表現されるとクライアントさんが自分の母親のように約束を守らない、気分屋の人だった場合、同じような遅刻をしてきたり、カウンセリング日時の変更の多いクライアントさんに対して、「この人私の母とそっくり」とイライラしたりする場合があるでしょう。

8　カタルシス（浄化）への対応

♡カタルシス効果とは

クライアントさんが無意識に抑圧されている過去の恐怖、罪悪感、苦痛、悲しみ、怒りなどの感情の記憶が、カウンセリング中に刺激され言葉や身体で表現され、心の浄化がされることがあります。

多くのクライアントさんが心の中に溜まっていた感情を表現すると心の中がスッキリし、ほっとした安堵の気持ちを持ちます。

そして、繰り返していた問題行動や症状が消えていくことがあります。

これをカタルシス効果（Cathartic Effect）と言います。

しかし、カウンセリングを始めたばかりの初心者カウンセラーは、この状況にびっくりすると共に、どうしていいのか混乱してしまうこともあるでしょう。

これは、クライアントさんがカウンセラーを信頼していることでもあります。

まず、「ここは安全な場所ですから大丈夫ですよ。今、「ここ」に戻ってきてください」など声をかけてあげてください。

そして、涙を拭くものを渡してあげ、状況を見て、肩に手を当ててあげてもいいでしょう。

クライアントさんは、このようなカウンセリングの後にはぐったりするので、無理をしないように伝えましょう。

このように無意識に抑圧された感情を意識化することで、例えば、病気の症状がよくなったり、自殺願望が消えたり、問題行動を起こさなくなることもあります。


♡カウンセリングが終わった後には必ず場の浄化を行う

カウンセリングが終わった後には、必ず場の浄化を行いましょう。

また、カウンセラー自身も、クライアントさんの影響を受けてしまった場合は、口をすすいだり、手を洗い、浄化のフラワーエッセンスを飲みましょう。

カウンセラーはカウンセリング前にプロテクションしておくのも、そのようなことが起きたときに安心です。

9　未成年のカウンセリングをするとき

♡未成年者のカウンセリング

未成年者をカウンセリングする場合は、カウンセラーは保護者がカウンセリングに同席するかしないかを決めておくことや、保護者の意向を伺うのは大切です。私の場合は保護者の同席は相手側にお任せしています。

ただ未成年だけのカウンセリング希望のときは、最初と最後には保護者には立ち会っていただきます。未成年のカウンセリングに保護者が同席して、どんなカウンセリングをしているか知っていただくのは、お互いによいことだと思います。

まだ、年齢的にボキャブラリーが少ない子供、恥ずかしがり屋な子供や、人見知りの子供などは、言葉にしたり気持ちを表現することが苦手な子供もいます。

そのようなときに、保護者が同席していれば、保護者から見てどう感じたか、また子供がどのようなことを言っていたかを、すぐ聞くことができます。

そのためにカウンセリングはスムーズに運びます。

そして、なによりカウンセリングに同席することで、保護者が安心してくださることは、実は一番大切なことです。

♡実は親の問題

未成年の子供の場合、親の持っている問題をその子供が表していることがあります。

キネシオロジーテストで子供のフラワーエッセンスを選ぶと、それが両親またはどちらかの親に必要な物である場合も少なくありません。

そのときには、親の方にもフラワーエッセンスを飲んでもらえるチャンスも出てきます。

すると、子供の問題が早く解決して、親自身が子供だけでなく自分の問題でもあると気づきを得られます。

そして、親子の持っている問題が癒されて、お互いがよくなっていきます。

4章　カウンセラーへのアドバイス

1　クライアントさんは本気か

♡クライアントさん自身が感情レベルで気づいてないことが多い

カウンセリングをしていて、大切なのはクライアントさん自身が本気で治したい、解決したいと思っているかです。

カウンセリングをしていると、クライアントさんがフラワーエッセンスを飲んでいても、なかなか進展がない場合や途中でフラワーエッセンスを飲むのを止めたり、フラワーエッセンス自体を失くしてしまうということがあります。

クライアントさん自身が病気を治すことや、現状を解決したいと言いながら、潜在意識では相反する感情を持っていることがあります。

つまり、深い部分では治らないほうがいいと思っているのです。もちろん、クライアントさん自身がその感情に気づいていない場合のほうが多いです。

♡治りたいのに治りたくない

カウンセラーは、クライアントさんが治ることに抵抗していることも受け止めることが必要になります。

受け止めることをしないで判断、批判をすれば、クライアントさんからの反応も同じように、カウンセラーへの判断、批判として戻ってきます。

カウンセラーとして大切なことは、どんな状況も自分の基準で判断しないことです。

まず、病気を治したくないというクライアントさんの想いは、治癒を遅らせるばかりでなく、同じことを繰り返すと言う型であらわれるでしょう。

その場合は、まず、感情レベルで、その事態が起きているかをキネシオロジーテストやO—リングやペンデュラムで確認してください。

♡テスト方法

私が使う手法は、クライアントさん自身に声に出して「私はこの病気が治りたいと心から思っています」と言ってもらいます。

そして、キネシオロジーテストを使いテストします。すると、筋力に弱い反応、もしくは強い反応が出ます。

この質問に対して、

筋肉に弱い反応が出たら、治りたくないと思っています。

筋肉に強い反応が出たら、治りたいと思っています。

これは、O—リングと言われる手法を使ってもいいでしょう。

Ｏ－リングで上記の質問した場合も、答えは上記と同じです。

治りたくないと言う結果だった場合は、どんな想いが病気を治したいと思っていないかを、１つひとつ思い当たることを探っていきます。

例えば、病気が治ると、以前のように周りの人が、自分に辛くあたるから病気でいたいと言うのは、よく出てきます。

キネシオロジーテストやＯ－リングやペンデュラムでフラワーエッセンスを選んでいくとこのように、クライアントさんとカウンセラーに深い気づきを与えてくれます。

♡感情以外も考慮する

治りにくい病気、同じことを繰り返すことに対して、感情だけでなく、生体化学などが関わっていることもあるので、食生活や病歴も参考になるかもしれません。クライアントさんの住んでいる場所や職種も尋ねてみましょう。

例えば、職場で1日中パソコンの前にいる場合、電磁波と皮膚のトラブルが関連している場合などもあります。

この場合は電磁波対策などをアドバイスしましょう。エネルギーレベルで電磁波にはコルテＰＨＩエッセンスの【ラディエーションカクタス】がおすすめです。

同じことを繰り返すのに、遺伝子レベルの問題が関わっていることや、食べている物や栄養素不足、天候の影響、住んでいる場所や職場で地場の影響を受けている、周りの人の影響を受けやすいことから起きているのか、このように感情以外にも問題が起きることも考慮していることが大切です。

２　クライアントさんとの距離の取り方

♡クライアントさんをまるで自分自身を助けるように介入してしまう

カウンセラーはクライアントさんの秘密を共有します。

カウンセラー自身がクライアントさんと同じ問題をクリアーしていない場合もあるでしょう。

そのようなとき、カウンセラーはクライアントさんの話を聞きながら、まるで自分の心の声かのように感じ、クライアントさんに共感し特別な感情が湧くこともあるでしょう。

例えば、クライアントさんの感じている痛みが、手に取るようにもわかるでしょう。

このような場合、カウンセラーがクライアントさんに必要以上に介入してしまうことが起きることもあるでしょう。

そのためには、カウンセラー自身が自分の抱えている問題をよりクリアーにしていく必要があります。

カウンセラーが今抱えている問題を、過去の経験としていかなければなりません。

そうでなければ、クライアントさんをまるで自分自身を助けるように介入して、自分の時間をも忘れて、必要以上にメールの相談にものってしまうようなことが起きてしまいます。

これはカウンセラー側の方がクライアントさんに転移を起こしているので逆転移といいます。

♡このようなことがあるときはカウンセラーがフラワーエッセンスが必要

カウンセラーはカウンセリングの時間はクライアントさんに寄り添いカウンセリングをしますが、カウンセリングを終わった後に、クライアントさんの持つ痛みを自分が感じていては、自分自身の生活やバランスを崩してしまいます。

これでは、たくさんのクライアントさんを抱えればかかえるほど、カウンセリングをするのが辛くなってしまいます。

例えば、クライアントさんのペットが亡くなり、クライアントさんが苦しいのはクライアントさんの持つべき感情です。

カウンセラーはその痛みに共感、理解できる能力はとても必要です。

しかし、その感情をカウンセリングが終わっても、痛みを感じてしまうならば、カウンセラー自身がフラワーエッセンスを飲みましょう。自分自身の中に誰かとのお別れの痛みのテーマが残っていたらそれを癒しましょう。また、アンジェリックエッセンスの【クリエイティングヘルシーバウンダリー】境界線を健全に保つエッセンスもおすすめです。

♡長い間カウンセリングを続けるには

クライアントさんとの距離の取り方を学ぶことは大切です。

それがうまくできないと長い間、カウンセリングを仕事として続けることが難しくなります。

クライアントさんに必要なカウンセラーは、共感してくれても、カウンセラー自身が自分のバランスを崩してしまうようなカウンセラーではないでしょう。

カウンセラー自身が、いつもバランスのいいところに身を置いていて、心が平安であることです。

そのようなカウンセラーに会えば、クライアントさんはさっきまで絶望的であったとしても、カウンセラーと話すことで希望が湧いてきます。

♡こんなカウンセラーといると

量子力学視点からみても私たちは、側にいる相手のフォトンの影響を受けます。

バランスの取れているカウンセラーは、一緒の時間を過ごすだけでも、クライアントさんのネガティブなエネルギーさえも、少しでもいい状態に変化させられるでしょう。

私達は、会話以外にエネルギーのやりとりもしています。

会話をしないでも、無条件の愛の気持ちを送れば、相手は暖かい気持ちを感じることができるものです。

例え、クライアントさんにそれを受け取る準備ができていない場合であっても、何かが動き始める1歩になるでしょう。

クライアントさんは、カウンセラーの出している目に見えないエネルギーにも敏感です。

カウンセラーの感情は、エネルギーとして、クライアントさんに伝わってしまいます。

だからこそ、カウンセラーの仕事は、常に自分自身の心を整えることが必要なのです。

♡クライアントさんとの友人関係はどうする

また、クライアントさんと、友人としての付き合いはどのようにするかは、カウンセラー自身が決めておくのは大切です。

仕事を通じていい関係を、クライアントさんとも築くことは可能です。

クライアントさんとの適度な距離があることで、冷静にカウンセリングすることができ、そしてその距離感があることでカウンセラー自身のプライバシーが守られる場合があります。

♡異性のカウンセリングで気をつけること

また、異性をカウンセリングするときの注意点があります。

親身に寄り添ってサポートしてくれるカウンセラーにクライアントさんが恋心を抱くことも少なくありません。

このようなときは、その気持ちに感謝して、「自分はカウンセラーでありこれからも必要であればサポートしますが、プロとして仕事をしたいと思っているので、そのような関係は避けています」などと思いやりを持ってお断りしましょう。

クライアントさんも冷静になると、カウンセラーが、ただ仕事を誠実に遂行していることなどを理解してくれるでしょう。

♡クライアントさんからのプレゼントに対する考え

クライアントさんから感謝の気持ちで、プレゼントなども送られることもあるでしょう。受け取るときは、法律に反しないように注意してください。

そして、受け取った際、感謝の手紙、メールを送る。お返しをするなど自分なりのルールを事前に決めておくことも必要でしょう。

お断りする際は、お気持ちは十分通じていて、感謝していることを伝えることが大切です。

3　カウンセラーとしての自衛方法

♡フラワーエッセンスのカウンセリングは医療行為でない

医学的治療とフラワーエッセンスの治療はまったく違うものです。

フラワーエッセンスカウンセラーにとってクライアントさんと、自分自身を守るのに大切なことがあります。

決して、「フラワーエッセンスが身体に作用します」と言ってはいけません。

それは、フラワーエッセンスのカウンセリングは医療行為でないということです。

そのために、やってはいけないこと、言ってはならないことがあります。

病名の特定をしたり、診断したり、治療や処方、投薬などはできません。

医療行為を医師でない場合は行ってはいけません。治療、診断ができるのは、医師のみです。

しかし、実際はフラワーエッセンスが作用して、ある病気や症状に有効なことがありますが、その前提は、感情が変化したことで、身体にいい作用が出てきたと捉え、クライアントさんにはそのように伝えてください。

このエッセンスはこの病気に効果があります。

皮膚病に効果がありますと、カウンセリング中にもＳＮＳにも病名を表現しないでください。

また、電磁波や放射能に効果があると言われている場合も、放射能などの表現はネガティブなエネルギーなどと表現をしましょう。

♡**カウンセラーは何業ですか**

医業類似行為はマッサージ、指圧、按摩、鍼灸、柔道整復業（鍼、指圧）と療術（カイロ、整体、リフレ、アロマなど）に分類されます。法律では現在、カウンセラーは自由業に該当します。

4　各クライアントさんによってフラワーエッセンスは違う

♡**キネシオロジーテストで選ぶと、２人のフラワーエッセンスのブレンドの中身は違う**

２人のクライアントさんが悲しみの感情を持っていたとします。

そして、カウンセラーは、同時に２人のクライアントさんの悩みに対してフラワーエッセンスをブレンドするとします。

この場合、書籍などで、悲しみに対応するフラワーエッセンスを選びます。

それを、ブレンドして２人にお渡しできます。

しかし、キネシオロジーテストなどでフラワーエッセンスを選んでいくと、１人の人は悲しみのエッセンスに反応しないで、怒りに反応することなどがあります。

クライアントさんは言葉では、悲しいと言っているのですが、怒りの感情のほうがそれより上回っていて、本当は抑えた相手への怒りを隠している場合などがあります。

このようなキネシオロジーテストなどで選ぶと、２人のフラワーエッセンスのブレンドの中身は、違う場合が多いでしょう。

♡各自、気づきの速度は違う

一見、変化の現れないクライアントさんに対しては、初心者のカウンセラーからすると、自分の選ぶフラワーエッセンスの選択に不安を感じることもあるかもしれません。

しかし、このようなことはカウンセリングをしていく中では、よく起こることです。

カウンセリングをさせていただき興味深いことがあります。

例えば、同じテーマを2人の人が同時期に持っていたとします。

Aさんは何年もカウンセリングし、Bさんはすぐ問題が癒されたとします。

しかし、ある日、Aさんにブレークスルーが起きて、最初に気づいたBさんより、先に望んでいた幸せを手にすることを目の当たりにすることがあります。

こんなときに、みんなそれぞれのスピード、やり方で行くべき道を進んでいくと感じます。

だからこそ、カウンセラーはクライアントさんの潜在的な力を信じ、見守ることが必要なのです。

そして、いらない心配はしないで、その時々、誠実にクライアントさんにベストなフラワーエッセンスを選ぶことに専念してください。

仏教の世界では、それぞれ各自が悟るのに、悟り方は千差万別でいくつもの道があると言います。

このような考えをカウンセラーは心に持っておくことは役に立ちます。

♡自信を持ってカウンセリングしましょう

カウンセリングをしていて、「前回から何か変化がありましたか？」と尋ねても、「特に何もありません」と聞くこともあります。

しかし、この言葉に振り回されないで、自信を持って、カウンセリングしましょう。

カウンセラーが、自信を持っていることで、クライアントさんにいい影響を与えることができます。

5　カウンセラー自身が体験する

♡体験することが自信をもってカウンセリングする基本

フラワーエッセンスのカウンセラーとして活動する前に大切なことがあります。

フラワーエッセンスカウンセラーになるのに、自分自身がフラワーエッセンスを飲んで、多くの

体験をしていることはとても大切な要素です。

例えば、自分が悩みを抱えている辛いときに、フラワーエッセンスを飲んで、悩みだと思っていたことを、ただのよくなるためのプロセスとして捉えられるようになる経験は大切です。

また、自分自身の考え方を変化させることで、悩みと思っていたことが変化することがあります。

このような気づきを得た経験は、カウンセラーしてスタートするのに大切な資質をすでに持っていることになります。

「体験をする」こと、これがフラワーエッセンスを使い、自信をもって他人にカウンセリングする基本となります。

♡バッチ博士の言葉

バッチ博士が「お腹がすいたから庭からレタスをとってきて食べよう。恐怖心から病気になったのでミムラスを飲もう。

こんな言い方ができるくらいフラワーエッセンスを飲むことを簡単にしたい」と言っていたそうです。

ぜひ、カウンセラーになってからも、日々の自分自身の生活の中に、フラワーエッセンスを気軽に取り入れてください。

♡フラワーエッセンスの深さも体験してみてください

すでに終わったと思っていた悩みが何年後かに浮上することは多々あります。

私自身もまだまだ、クライアントさんを通じて気づき、自分自身の問題からも多くの気づきをしています。そして毎回、こんな感情がまだあったのかと思うことが多いものです。

♡多くの人をカウンセリングしましょう

カウンセラーになったら、たくさんのカウンセリングの経験をしましょう。

例えば、イベントなどに出て通常の自分のカウンセリング価格より価格を抑えると多くの人をカウンセリングできます。

初心者カウンセラーのころは儲けるなどを考えるよりも、多くの人をカウンセリング経験をする時期があってもいいでしょう。そのために安定した仕事を続けながらカウンセリング経験を重ねて独立する方法が安心でおすすめです。

♡クライアントさんからのフィードバックも大切に

カウンセラー自身が販売されている全部のフラワーエッセンスを、自分で試す機会はないでしょう。そのためにも、クライアントさんが試すフラワーエッセンスで、そのエッセンスを少しでも理解することもできます。

もちろん、その人が感じたことがすべてではありませんが、自分の中のフラワーエッセンスの情報のストックのように捉えてみてください。

♡フラワーエッセンスを通じて人生を楽しむ

霊的な成長に終わりがないように、カウンセラーとしての私達の成長は、これからも多くの可能性があります。それをたくさん開花させて、人生を楽しみましょう。

例えば、楽しい気分から遠ざかったときに、優しくサポートしてくれ、早く本来の自分に戻してくれるのがフラワーエッセンスです。

そして、カウンセラー自身が、長年取り組むことが難しいと思っていた自分自身の癒しの課題も、解決する経験をしましょう。

そうすることで、クライアントさんが大きな問題を抱えていたとしても、クライアントさん自身の潜在的力も信じることができるようになります。

そして、カウンセラーがクライアントさんに必要以上の介入をすることなく、共依存の関係性を築くことを防ぐことができます。

これはカウンセラーとクライアントさんの関係性でとても大切なことです。

カウンセラーはフラワーエッセンスを自分自身も飲むことで素晴らしい体験をたくさんしていってください。

6　カウンセラー自身の不安

♡フラワーエッセンスを何度も飲んで変化した経験が自信につながる

カウンセラーになりたいと思っている人から、このようなことをよく相談されます。

「フラワーエッセンスを使いカウンセリングをすると、周りからへんなことをしている人と言われるのが嫌だ。周りから、へんな人と思われたくない」

「ここは田舎だから、都会のように、フラワーエッセンスを知らない人が多くて、まだ理解がないからカウンセリングをしたいができない環境です」などと言った内容です。

しかし、このような考えは、自分がフラワーエッセンスを飲み、多くの体験をすることで変化するのではないでしょうか？

また、田舎ならライバルが少ないでしょうし、今はインターネットさえあればどこに住んでいる人ともカウンセリングが可能です。

このようなことを言うときは、カウンセラー自身がなんらかの恐れを持っています。蔑まれる恐れかもしれません。どんな恐れであっても、それを超えるためには、フラワーエッセンスを飲んで、何度も、自分自身がフラワーエッセンスで変化した経験が必要です。

その経験こそが、カウンセラーとしての力強い自信になり、今後も進むことを、後押ししてくれ

るでしょう。

例えば、フラワーエッセンスについて、自分自身があまり飲んでいなくて知らない。

または、フラワーエッセンスの変化に感動もしていないのに、「フラワーエッセンスはいいよ」と言っても、他人には伝わりにくいでしょう。

どのようにいいのか。どんな変化があったのかを、心から情熱を持って他人に伝えるためには、自分自身の中である程度の確信と経験がないと、強くは言えないし、クライアントさんには伝わらないでしょう。

また、「フラワーエッセンスとは」と具体的な説明ができないことに不安を抱えている人も多いようです。

まず、フラワーエッセンスを理論的に説明できることは大切です。

自分なりにまとめて、フラワーエッセンスを理解している人に聞いてもらいましょう。

すると、どの部分が足りないのかを指摘してくれるでしょう。

また、フラワーエッセンスを知らない周りの人にも、説明してみましょう。するとその反応で、なにか怪しい？　どんなことがわからなく間違いやすいのか？　一般の人はフラワーエッセンスの何に抵抗しているのか？　がわかります。

それを、理論的に説明ができるようになると、カウンセラー自身がカウンセリングをすることができる人の幅も広がります。

フラワーエッセンスを怪しいと感じる人は、波動の話自体に宗教を連想して拒否反応をする人は多いようです。その場合は波動を上手に説明する必要があります。

またフラワーエッセンスと聞いて、意味もわからなくても、あまり説明もいらない直感的な人達もいます。

しかし、反対に最初に、理論的な説明をすることが大切な人達もいます。

カウンセラーとして、どちらもタイプも対応することができるほうがよりよいのではないでしょうか。

また、フラワーエッセンスカウンセラーになったら、自分自身がフラワーエッセンスを飲まなくなる人がいると聞くこともあります。

しかし、ある問題を抱えていて、あるレベルではクリアーできたと思っていても、またその問題が再浮上してくることもあります。

1つの問題には、表面だけに出ていることだけでなく、たくさんの層があることを、長くやっているカウンセラーは知っているでしょう。

その層を、カウンセラー自身が体験していることも役立ちます。


♡飲む物と聞くと抵抗するクライアントさんに

フラワーエッセンスは飲む物ですと聞くとクライアントさんの中に、抵抗が出て、お薬と感じる人も多いです。

この場合は、「飲まなくても、脈を打つところに落として刷り込んでもいいですよ」「身体の周りに振りかければいいのですよ」と飲む以外の使い方を紹介してみましょう。

♡支離滅裂なクライアントさんには

クライアントさんの話が支離滅裂でまとまりのない話をする場合も、カウンセラーはメモなどをとって、そこからカウンセリングテーマを何にするか？

今日の主訴は何か？　をもう一度尋ねたり、カウンセラー側から、これにしませんか？　と提案をしてみましょう。そして、カウンセリングをしていると、クライアントさんが感情的になる場合もあります。

例えば、話しているうちに悲しい感情が溢れてきて泣くことは、多々あります。

このような場合は、あまり心配しないで見守りましょう。

カウンセリングルームにティッシュを置いておき、すぐ差し出してあげましょう。

必要であれば、「悲しい記憶を思い出させてごめんなさいね」と声をかけてあげましょう。

また、過去の恐怖の場面を思い出して、その頃に戻ってしまったような方には「この場は安全な場所なので、安心してくださいね」とクライアントさんを慰め、安心させることも必要です。

誰もが感情をある程度表現すると落ち着きます。エッセンスを飲ませてあげてください。

第5章　カウンセリングするとき

1　エッセンスを使いカウンセリング前後のセルフケアー

♡場の浄化

まず、クライアントさんを招くのに、カウンセリングルームを浄化しましょう。

浄化にもたくさんの方法があります。

いくつかご紹介します。

①各ブランドの浄化スプレー（ミスト）を使う

どのブランドからもスプレータイプの浄化エッセンス入りのものが発売されています。

ブランドによっては、アロマのエッセンシャルオイルが入って香りづけがされているものもあります。

香りづけがされているタイプのものは、選ぶ香りによって、部屋のイメージが華やいだり、すっきりとしたりと、香りから得られる相乗効果もあります。

スプレーを使うときは、まず部屋の四隅にまきましょう。するとそのエッセンスの効果が部屋全体に広がります。

特に部屋の中で、柱が出ていて影になるような場所は、念入りにまきましょう。

もちろん、スプレーを部屋全体に均等にまくのもいいでしょう。

②浄化作用のあるフラワーエッセンスを使い、浄化スプレーをつくる

市販のスプレータイプのものでなく、浄化作用のあるフラワーエッセンスを使い、オリジナルのスプレーも簡単にできます。

ミネラルウォーターをスプレーボトルに入れて、お気に入りのアロマのエッセンシャルオイルを入れます。

エッセンシャルオイルは、１つの香りを単品使用したり、数本をブレンドしてお気に入りの香りを見つけてください。

また、エッセンシャルオイルの中には、古来から浄化に有効な香りと言われている物があります。

例えば、フランキンセンスなどです。

後記のような物を参考にしてください。

エッセンシャルオイルは容量や使用期限も守り早めに使い切りましょう。

また、ペットを飼っている人は、お部屋に散布するのも控えたほうがいいものもあるので、使う前にペットに使っていい精油かを調べてください。

●お花（フローラル系）

ローズ、ネロリ、ジャスミン、カモミール、ラベンダー、ゼラニウム

●柑橘（シトラス系）

ベルガモット、オレンジ、レモン、グレープフルーツ、シトロネラ、レモングラス

●草（ハーブ系）

セージ、ミント系、ローズマリー、クラリセージ

●樹木（ウッディ系）

サイプレス、ジュニパーベリー、ティートゥリー、ユーカリ、ヒノキ、ローズウッド、パイン、シダーウッド

●樹脂（レジン系）

フランキンセンス、ミルラ、ベンゾイン

●スパイス（スパイス系）

ジンジャー、バニラ、カルダモン、クローブ

●異国情緒（エキゾチック・オリエンタル系）

ベチバー、パチュリ、イランイラン、サンダルウッド（白檀）

ブランドによっては、エッセンシャルオイルには波動があるのでフラワーエッセンスと混ぜないほうがいいと言っているつくり手もいます。

③場に結界を張る

スプレータイプのフラワーエッセンスがない場合など、すぐにできるのが、部屋の４隅にフラワーエッセンスを垂らす方法です。

意思の力を使って、エッセンスを垂らした後に、部屋に結界を張るようなイメージをしてください。

例えば、エンジェルや自分の信じている存在に声をかけて、浄化を手伝ってもらうのもいいでしょう。

④パロサイトで浄化

パロサイトとは古代から浄化に使われる聖なる木です。

この木の破片に火をつけて燃やします。その煙を使い浄化したい物を浄化します。しばらくすると火は消えます。これで浄化は完了です。

火を使った後は、火が消えたことを確認してください。

⑤セージで浄化

セージとは植物です。

セージはハーブで、浄化に使われるものは、葉を束ねたものや、茎を束ねたものなどあります。

セージの葉がバラバラになっているのを、お皿にまとめて乗せ、燃やすタイプのものもあります。

セージに火をつけて、その煙を使って浄化をします。

セージの香りは、すっきりとした気分にしてくれます。

しばらくすると火は消えます。これで浄化は完了です。

火を使った後は、火が消えたことを確認してください。

⑥クリスタルで浄化

クリスタルを部屋に置いて、浄化に使うのも可能です。

クリスタルを部屋の四隅に置いたり、自分のお気に入りのメインのものを1つ置きます。

ご紹介する方法は、インディゴエッセンスのアン・キァラハン女史が言っていた方法です。

クリスタルを使って浄化をしたい場合は、まずクリスタルを買ったときに、必要ないエネルギーを浄化します。

それから、クリスタルにどんな役目をして欲しいのかを、クリスタルに伝えてください。

そのときに、クリスタルから断られることもあるかもしれません。

その場合はまた、違うものを探してください。しかし、実際はあまり断られることはないです。

部屋の浄化を手伝ってくれるクリスタルを選び、そのクリスタルに部屋の浄化をして欲しい。

そして、ここから、ここまでを浄化し欲しい。そして、どれだけの期間、浄化をして欲しいのかを明確に伝え、お願いすることが大切ですと言っています。

クリスタルは役目を、明確に伝えることでよく働いてくれるそうです。

⑦香りで浄化

アロマのエッセンシャルオイルの中で、浄化がキーワードのエッセンシャルオイルがあります。香りを使う場合は、クライアントさんに香りの好みがあるので、香りが不快でないかを確認することが大切です。

また、赤ちゃんや子供をお連れのクライアントさんには、火から近くない場所に居ていただき、キャンドルはランタン（キャンドルが入れられる開閉式のガラス式の専用のボックスなど）に入れましょう。

キャンドルの炎に、触れる心配がない、安全な灯し方が必要です。

また、妊娠しているクライアントさんが来るときは、特に気をつける必要があります。エッセンシャルオイルの中には妊婦さんは、使用を避けたほうがいいものがあります。

⑧音で浄化

音で浄化をする方法は、シンキングボールや音叉を使う方法があります。

音叉などを鳴らすときは、専用の棒でなく、クリスタルの石などを使うこともできます。音色に変化が出ます。

シンキングボールも、音を鳴らす物で音色が違ってきます。

自分の好きな音色を探すことも楽しみの1つです。

そして、シンキングボールや音叉自体を、時々浄化することも大切です。

その場合は、セージの煙を使って浄化する。

それらに、フラワーエッセンスを垂らして、拭き取ることもできます。

浄化をして、それらを鳴らすと、浄化をする前後の音色が変化を感じていただけるのではないでしょうか。

シンキングボールなどは、ボールの側面を叩いて音を出すだけでなく、専用の棒を使い、ボールの淵をなぞるように音を出す方法があります。

この場合は、持ち手（鳴らす人）との相性があります。

ある人は鳴らせるけど、ある人には鳴らしにくいボールがあります。

少し、練習して馴染む場合もありますが、このようなこともあるので、実際にシンキングボールを手にしてから、相性のいいものを求めることはおすすめです。

また、音叉などもいいでしょう。

５２８Hzの音叉などもおすすめです。

ソルフェジオ周波数５２８Hzは愛の周波数と言われています。インディゴエッセンスの中にチャネリングでつくられた528Hzのエッセンスがあります。ピンクエッセンスシリーズです。

⑨植物で浄化

植物をプランターでカウンセリングルームに置くのもいいでしょう。

オリズルランなどは電磁波対策にいいです。

空気清浄効果のある観葉植物もあります。

■フローリング材、カーテン、壁紙のホルムアルデヒドなどがある場所でもいい観葉植物

（○は日向、▲半日陰）

○オリズルラン○ベンジャミン○サンスベリア○テーブルヤシ○観音竹

○アレカヤシ○クロトン○シェフレラ

▲ポトス▲マランタ▲コンシンネ▲ワーネット

■キッチンやトイレのホルムアルデヒド、アンモニアなどがある場所でもいい観葉植物

（○は日向、▲半日陰）

○観音竹

▲幸福の木▲シンゴニウム▲アンスリウム

■ベッドルームなどの化粧品、ベンゼン、アルコールなどがある場所でもいい観葉植物
（▲半日陰）

▲アイビー▲アグラオネマ▲ワーネッキ

▲フィロデンドロン・レモンライム

■オフィスのコピー機などのトルエン、キシレンなどがある場所でもいい観葉植物
（○は日向、▲半日陰）

○ベンジャミン○テーブルヤシ

▲シンゴニウム▲アンスリウム

⑩キャンドルで浄化

浄化に火を使う方法は古代からあります。教会やお寺などキャンドルやお香などで火を使います。キャンドルをカウンセリング中に灯しておくのもおすすめです。

私の方法ですが、カウンセリング中はキャンドルを使うアロマポットを使います。キャンドルで火を灯すことができて、エッセンシャルオイルの香りを部屋に香らせることができるから一石二鳥です。

そこに、フラワーエッセンスを一緒に落としておくのもいいでしょう。

次の方に前にいた方の匂いや、気を残さないようにするためにおすすめの方法です。

小さなキャンドルが1時間ぐらいのカウンセリングに、ちょうどいい大きさです。クライアントさんを招く前に1つ灯して、それを、私は1人のクライアントさんに使い切ります。

すべてのクライアントさんが帰った後は、窓を開放して換気をしましょう。

新鮮な空気を部屋に取り入れてください。

また、家で幼い子がいる場合、ペットを飼っている人は、エッセンシャルオイルは飼っているペットに使用していいかを調べてください。

使用していいときも規定より少ない量を使いましょう。

または、病人がいる場合や動物の種類（猫など）によってはエッセンシャルオイルは控えたほうが安全です。

2　サイキックアタックから身を守る

♡影響を受けやすい人は自分を守るプロテクションのエッセンスや浄化するものを飲んでからカウンセリングを

カウンセラーとして、カウンセリングを始めた頃にサイキックアタックの課題に悩まされる人もいるでしょう。長くカウンセラーとしてお仕事を続けていくためには、この課題をクリアーしておくことは大切なことです。

まず、影響を受けやすい人は、カウンセリングの前後に自分を守るプロテクションのエッセンスや浄化をするようなものを飲んでからカウンセリングをすることをおすすめいたします。

例えば、飲むことが面倒な場合は、そのようなエッセンスが入ったペンダントがブランドによっては販売されています。

また、フラワーエッセンスを使い、自分でカウンセリングをするとき用のブレンドをしてペンダントをつくっておくのもいいでしょう。

液体を入れられる香水瓶のようなペンダントがあります。

アロマのエッセンシャルオイルの液体を入れるようなもので、代用できるでしょう。

そして、カウンセリングが始まる前にペンダントを身につける習慣をつけましょう。

♡自宅がサロンの場合

特に、自宅兼サロンの場合は、浄化はとても大切です。

カウンセリング後に、ネガティブな存在が部屋に残る場合のことも考慮しての対策は必要でしょう。

私がおすすめする方法が、アラスカンエッセンスの【ブラックトルマリン】のボトルを４本揃えます。そのボトルを自宅の四方に角に設置します。

そして、この空間が守られることを意思の力とその場や自分の信じる存在やエンジェルにお願いします。

ただこれだけですが、この方法にしてからは、ネガティブな存在を長い時間、部屋で感じることがほとんどなくなりました。

この方法は、このブラックトルマリンのボト

ルを通じて、ネガティブな存在が違う次元に移行する方法です。こちら側からの移行はできますが、あちら側からはこちらには戻れない仕組みになるようです。

このようなことに、あまり神経質にはなる必要はありませんが、だからといって無防備にはならないことが大切です。

カウンセリングの仕事を長く続けられない原因になりかねないからです。

エネルギーを感じやすい人は、このようなことが続いたり、影響を受けると、カウンセリングをすることに恐怖を抱いてしまいがちです。

しかし、ネガティブな存在がいれば、守ってくれる存在もいます。

そんな存在や自分自身を信頼しましょう。

ネガティブな存在からのサイキックアタックを受けたときに、それに対応したフラワーエッセンスを、すぐ飲むのもいいでしょう。

また、同時に身を守るようなものも飲むといいでしょう。

♡イメージやマントラ（真言）で自分を守る

イメージでサイキックアタックを防ぐ方法もあります。

自分のオーラを特定の光でイメージしたり光の、卵のような形をイメージして強化する方法などです。

言葉で浄化や身を守る方法もあります。

真言や聖者の名前を唱える方法です。

なにか1つ覚えておくのは、いざというときにすぐ使えて有効です。

マントラ（真言）ガヤトリーマントラなど検索して歌うのもおおすすめです（２０４ページ参照）。

♡クライアントさんを見守ることが最善の立ち位置

カウンセラーにはカウンセラーとしての立ち位置があります。

あくまでもクライアントさんのよきサポーターであり、クライアントさん自身がどんな選択、経験をしても、それを見守る立場であることを忘れてはいけません。

カウンセラーからしたら、それは遠回りと思っても、そこに介入しすぎてはいけません。

例え、他人からみたら、間違いであっても、その経験をクライアントさんが魂レベルでは必要としているかもしれないからです。

幸せな道はこちらですよ。とサポートできたとしても、最後に選択して、苦しい道を選ぶことを選択したクライアントさんを尊重し、進むべき道を阻害してはなりません。

抜け出せないと思わずに真の力を信じてあげることが大切です。カウンセラーが内側で思っていることが、クライアントさんに影響します。だからこそ、決めつけたり、ネガティブな想いを持つのでなくクライアントさんを信頼をすることが大切です。

3　スポンジ体質

スポンジ体質と言われている人がいます。

他人や外のネガティブなエネルギーを、まるでスポンジのように自分の中に吸い込んでしまう体質の人をいいます。

例えば、そのような人は、とても気分がよかったのに、友人と会った後に、急にイライラしたり、電車の中で座っていたら、急にとても暴力的な気持ちになったりします。

これは本人の感情でなく、友人の持っていた気持ちや、隣に座っている他人の感情である場合が多いのです。

そして、クライアントさん本人がこれに気づいていないことが多いのです。

このような敏感な人達には、他人や場のエネルギーから守ることをおすすめしましょう。

これだけで、イライラしたり、心配が減り、明るくなったり、身体レベルでも疲れにくくなります。

日常生活で影響を受けなくなり、楽になったと感謝と共に報告を受けます。

つまり、クライアントさんがこのようなスポンジ体質の場合は、本当に日常レベルでも影響を受け困っているのです。

クライアントさんが持っている本来のエネルギーを有効に使えたらどんなに素晴らしいでしょ

う。

このように、不必要に流れていたネガティブなエネルギーの影響を受けずに、自分のことに集中できたら、もっと、心に持っている夢や、やりたいことなどをできるようになるでしょう。

そして、自分の課題にフォーカスしやすくなります。

このような人は、アストラルレベルでエネルギーを吸ってしまいます。

例えば、友人が楽しい話をしています。

しかし、友人は出掛ける前に家族と大喧嘩をした後にクライアントさんに会いました。

クライアントさんは、何故か自分がイライラしてきたりしてしまいます。

このようなことで、クライアントさんの中に混乱が起きます。

友人との話は楽しいはずなのに、気分がよくない。

または、友人の影響でなく、クライアントさんの後ろに背を合わせて座っている知らない人がイライラしていて、そのエネルギーを拾っていることもあります。

♡どの影響かを判断する仕方

まだ話をできないような子供は母親の出すエネルギーを敏感に感じます。母親が不安定になると、子供はそのエネルギーを感じて不安定になりやすくなります。

私達はアストラル体レベルで、言葉以外のコミュニケーションをします。

特に、問題になるのは、ネガティブな感情を急に感じたときに、自分の感情と思ってしまわずに、まず、いつからこの気持ちを感じたかを振り返ってみてください。

どんな場所に行った後なのか？　誰と話した後か？

そのためには、自分の安定した状態を自分自身が知らないと他人の影響や場の影響を受けていることさえわかりません。

このようなことは、感情レベルだけでなく、身体レベルでも感じることができます。

さっきまで肩は凝っていなかったのに、急に肩が凝ってくる。

そのような場合は、話している相手がすごく肩凝りである場合も多いです。

もちろん、いつもこのようなことだけが原因でありません。

例えば、自分の中に持っているネガティブな感情が刺激されてイライラすることもあります。

また、座っている場所が電源に近く、電磁波の影響を受けて肩凝りになっている場合もあるからです。

そして、意識していないレベルで自分のそばを通り過ぎた人の、好みでない体臭に反応してイライラしてしまうこともあります。

♡クライアントさんのメール

クライアントさんからいただいたメールを、許可をいただいたのでご紹介します。

こんにちは。

先日はカウンセリング、ありがとうございました。

今日はペンダントの効果がとてもすごいっ！　と思ったので、メールさせていただきます。ペンダントを購入してつけて帰った日、百貨店へお買い物に行ったのですが、ビックリするくらいとてもラクに過ごせました。

いつもお買い物をして帰ると、ぐったりしてしまうのですが、それが全然なく、今まで何だったんだろうと思いました。

そして、学校へ行っても、苦手な先生の授業を受けても、平気でいられました。

また、人が苦手だと感じて学校で過ごしていましたが、自分でも同じ人間だろうかと思うくらい、人としゃべることが苦痛でなくなってきたし、
何だか明るく元気になったような感じがしました。

(自分で言うのもおかしいかもしれませんが…)

これが美希さんの言う、本来の私なのかな…と思ってみたりしました。

人から影響を受けやすいと言われても自分がどれだけ影響を受けているのか、よくわからなかったのですが、こんなにも影響を受けていたとは思いませんでした。

ただ、ペンダントに頼りきりにならないようにしたいなぁと思っていますが、またそれは追々、解決していけたらなぁと思います。

疲れにくくなったので、今はやる気が戻ってきました♪

それでは、また伺わせていただきますので、よろしくお願い致します。

長文になりましたが、読んで下さって、ありがとうございました。

以上です。


このクライアントさんにはブッシュフラワーエッセンスのガラスのペンダントの【サイキックプロテクション】を紹介しました。

ガラスのカラーが2色あります。

このペンダントは傷ついたオーラを修復する助け、外的な出来事によってバランスを崩すことのないように助けてくれます。

また、周りとの境界をとって身を守る助けをします。

そして、サイキックな攻撃などから守ってくれます。

入っているフラワーエッセンスはフリンジドヴァイオレットとエンジェルソードです。このフラワーエッセンスを飲むのもいいのですが、ペンダントはエッセンスより、エネルギーレベルが高いものが入っています。

外からの保護を目的にして、キネシオロジーテストで飲むエッセンスとペンダントで選んでみると、ネックレスの方がより合う人が多いです。

4　クライアントさんとの距離の取り方

♡どんなに寄り添っても共依存の関係を築かない

カウンセラーはクライアントさんに、どんなに共感しても介入してはいけない領域があります。このルールを守ることは、長くカウンセラーとしての仕事をしていきたい方々に大切なことです。

そして、どんなに寄り添っても、共依存の関係を築かないようにすることが大切です。

クライアントさんは悩みを持ってカウンセリングにきます。

カウンセリングを受けた誰もが経験するでしょうが、励ましアドバイスをくれるカウンセラーは頼もしい存在です。

しかし、この関係が共依存になると、カウンセラーなしでは、この決断が果たして合っているのかわからない。

アドバイスをもらわないと不安になり何も決断できないとなってしまうと、これはお互いにとっていい方向ではありません。

まず、カウンセラーはクライアントさん自身が、クライアントさんの望みは何か？　どうしてそれを行動に起こせないのか？　隠されたどんなブロックがあるのかなどを、クライアントさんと共に見つけるお手伝いをします。

たとえ、どんな選択であってもクライアントさん自身が決断して、それを経験することを邪魔してはいけません。もちろん、そのときにクライアントさんが違う方向に向かうのを、思いやりを持って諭すことも必要になるでしょう。しかし、クライアントさんがいつも自分自身で自由に選択できるようにしてください。

♡距離の取り方の事例

こんな事例がありました。

クライアントさんのAさんは母親との問題がありました。

Aさんの母親はあれこれ幼い頃からAさんに命令し、Aさんのやることに反対ばかするそうです。

だから、母親にはうんざりしますと言っていました。

しかし、カウンセリングを重ねていくと、クライアントさんは日々の小さな決断さえメールをしてたずねてくるようになりました。

もちろん信頼してくださることでの行為とわかっています。

しかし、このことで、母親が娘を心配しているのは、このような要素があるからだと察しました。

つまり、自分で物事を決断してくることをしてこなかったので、今だに、自分自身で決断することに不安があるのでしょう。

そして、クライアントさんは深い部分では、まだ自分の決断に責任をとることを避けたいのかもしれません。

そのために、母親から離れたら、外に母親に変わる人が必要となり、今は、カウンセラーを信頼しているので、このようになるのでしょう。

母親は、自分が娘を守らないと1人では何もできないと思っているでしょうし、娘が傷ついた姿を見たくないので、介入しすぎるのでしょう。

この場合は、母親と娘の間に共依存関係があるので、母親も娘が独立してしまうと、寂しい気持ちを持っている場合があります。

これは潜在意識レベルでのことで、表面的にはわかりにくいかもしれません。

カウンセラーは、クライアントさんのすでに持っている、自分の潜在的な能力に気づかせるサポートや、心を安定させるようなことが必要でしょう。

支配的な人もされる側もほんとの自由を得るために支え、そして、クライアントさんの持つ、いい資質にいち早く気づき、本人に伝えてあげることも大切でしょう。

カウンセラーは、その時々に最善のサポートをすることに集中しましょう。

♡自分の時間も大切に

カウンセラーはクライアントさんの母親でも、友人でもありません。

カウンセラーとクライアントさんとしての関係です。

他人のネガティブな感情や悩みをフラワーエッセンスでサポートするという仕事なのです。

仕事として長く、いいサポートを提供するには、カウンセラー自身のセルフマネージメント（自己管理）が大切な仕事でもあります。

カウンセラーは仕事を終えたら、自分の時間を取り、心のバランスを保つことをしなければなりません。

このような共依存関係のクライアントさんをつくっていくと、カウンセラーにプラーベートな時間は全くなくなります。

♡カウンセリング時間の管理

カウンセラーになりたくて、カウンセリングを初めたような方が、時間を忘れたクライアントさんと、長い時間話していることがあります。

初心者のカウンセラーが、クライアントさんの気持ちに寄り添っていたら、クライアントさんの話を区切ることができなくて、自分がくたくたになっているのです。

なかにはスピリチュアルなイベント参加がカウンセラーとしてデビューの人もいます。

以前、隣にそのような人が私の横にいました。

このときに、同じクライアントさんがカウンセラーの前に長時間座っていました。クライアントさんはだんだん元気な表情になりましたが、カウンセラーが生気がなくなってしまいました。

この後、カウンセリングのお代金は通常の代金しかいただいていない様子でした。

その後に、このカウンセラーは、仲間のカウンセラーに心配されながらも、ちょっと休憩してきますと言ったまま、イベントが終了になっても戻ってはきませんでした。

このような経験で、カウンセラーになることに自信をなくしてしまう人もいます。

このようなことを避けるために、最初に自分がどのレベルで、クライアントをサポートできるかの基準を決めてください。

カウンセラーそれぞれが持つ限界があります。

これは、個人個人違いますので自分のしっくりする基準を大切にしてください。例えば、とても繊細なカウンセラーはカウンセリングを始めて間もないときは、クライアントの影響を受けやすいかもしれません。

そうであれば、回復時間を次のカウンセリングの合間に取り入れることが必要でしょう。

反対に、プライベートな時間も、あまり気にしないカウンセラーもいるかもしれません。

このようにカウンセリングをするにあたって、自分の中のルールは決めてから、実際のカウンセリングを幾度か経験しながら変更していくのもいいでしょう。

ただ、変更するときには、不安が伴います。こんなことをしたら、クライアントが少なくなるのではないかという不安などです。

実際に変更したら、来るクライアントさん層に変化が起きるものです。

一時的な減少はあるかもしれませんが、新しい層が入ってきますので、あまり不安がらずに、それよりもよりよいサポートができるようにカウンセリング技術を磨くことなどにフォーカスしましょう。

また、クライアントさんのネガティブなエネルギーを流せないとカウンセラー自身がカウンセリングをすればするほど、燃え尽きたようになってしまいます。

エネルギーのクリーニングとプロテクションを心がけていると、長い間仕事として活動が続けられると思います。

そして、カウンセラー自身がエネルギーを上げておくことは、カウンセラーにもクライアントさんにもとても役に立ちます。

♡カウンセリングをするとくたくたになる人には

対面カウンセリングをすると疲れ果てて、くたくたになってしまうという人がいます。

そのような人は、まず対面カウンセリングをしないでオンラインで時間も短めの20分カウンセリングを始めてください。

また、メール、電話カウンセリングも試してみるのもいいでしょう。

(1) カウンセリングの時間を20分に設定します（短い時間で）。

(2) クライアントさんにカウンセリングシートを書いていただきます。

(3)　悩みを7分ぐらいで聞きます。
(4)　お花カードをクライアントさんに5分ぐらいで選んでいただきます。
(5)　そのお花カードの説明を7分ぐらいでします。
(6)　最後に飲み方や飲む滴数、飲む期間を1分でまとめます。

20分の時間感覚を得るのに2、3回ほど練習すればつかめるでしょう。

最後にクライアントさんから質問を受けると20分を過ぎてしまうので、注意事項などをまとめてフラワーエッセンスを送るときに同封したりしましょう。

もっと簡単に済ませるにはそれをメールで送信するのが一番です。

5　エネルギーに敏感でいるために

♡エネルギーに敏感であることがカウンセラーのよい素質の1つ

エネルギーに敏感である。これは、カウンセラーなら持っているとよい素質の1つでもあります。

カウンセリングをしていて、クライアントさんからの言葉からだけではない、クライアントさんが発しているエネルギーを察知できると、カウンセリングを深めることが可能だからです。

カウンセラーがいち早く気づけているときは、クライアントさんが進むべき道や問題解決への道が最短になります。

カウンセリングをしていると、まだ信頼関係が浅いうちは、クライアントさんが一番大切な情報を隠している場合もあります。

しかし、エネルギーに敏感であると、クライアントさんが言葉で「私は怒っていません」と言っていても、クライアントさんから感じる怒りのエネルギーを察知できます。

すると、カウンセラーは、そこを考慮して、クライントさん自身が自らの怒りに気づくようなカウンセリングを導くことも可能になります。

カウンセラーが気づいていることで、クライアントさんはネガティブな感情に蓋をしないで適切に表現していくことをサポートできます。

これはとても大切で問題解決の早道の1歩になります。

もちろん、クライアントさん自身が言葉にしないときに、そこをわざわざカウンセリングする必要があるかということもあります。

初心者カウンセラーはクライアントさんが言わないことに踏み込む必要はありません。

クライアントさんは自分の準備ができたときに言葉にしてくれます。

そして、クライアントさんの個性も考慮する必要があります。勇気のあるクライアントさんや怖がりのクライアントさんがいます。

その場合は1歩踏み込むことも調整しなければいけません。時間をかけたほうがよい場合もあります。

長年のカウンセリングを重ねていくとそのようなセンスがわかるようになるカウンセラーもいると思います。

しかし、カウンセラーを長年やっていてもあまりそのようなことが分からない人もいるかもしれません。

カウンセラーになるのに直感力がないことでコンプレックスを感じる人も多いようです。

そのときも、フラワーエッセンスカウンセラーはフラワーエッセンスを的確にブレンドできればあとはフラワーエッセンスがクライアントさんをサポートしますので、コンプレックスを感じなくてもよいです。

ただ、瞑想や適度な運動などを通じて、カウンセラーは自分自身を整えているとエネルギーに気づけるようになることもあるので色々試してみてください。

♡エネルギーに敏感であるために

では、カウンセラーがエネルギーに敏感であるには、まず自分自身の感情に気づいていて、身体に何が起こっているかを知っていることが大切です。

自分自身の感情と身体のエネルギーがわかるようになると、自分が発した言葉と身体の反応が違うことがあることにも気づくこともできるでしょう。

つまり、私達は無意識で、心の想いと、裏腹な言葉を発していてることがあります。そして、自分自身もその感情に、あるレベルでは気づけていないことが起きています。例えば、怒っているとき、悲しんでいるときに、少しそこから距離を置いて自分を観察してみてください。

とても難しい作業ですが、このように、カウンセラーは少し自分の感情から距離を置くことで、自分自身を実験台にして、観察してみてください。

悲しむと、ハートの辺りはどんな感じがしますか？

ぎゅっと閉じたような感じがしますか？　広々しますか？

身体を取り巻くオーラは小さくなった感じがしますか？　広がった感じがしますか？

オーラに温度や流れがあるとしたら、平静のときと違い、どんな違いを感じますか？

色は何色に感じますか？　ブルーのような色ですか？　ピンク色ですか？　グレーですか？　透明感がありますか？　くすんでいますか？

身体のどこかが、痛んだり、こわばったり、固まったような感覚を受けたり、実際に痛むところはありませんか？

このような感覚を覚えておきましょう。

何度も意識をしていると、どのような感情が、どんなエネルギーを出すのか気づけるようになるかもしれません。

もちろん、ネガティブな感情だけでなく、喜びを感じるとどのようなことが身体で起きるかを知ることも、悲しみの感情がどのようなものかと知るのと同じくらい大切です。

♡場のエネルギーを感じる

また、よく掃除された場、荒れた場、自然の中、都会の真ん中に行ってその場にあるエネルギーを感じてみてください。

場所によって、まったく違う印象を受けるでしょう。

掃除前と掃除後のエネルギーもまったく違います。

それを見た目だけでなく、身体に起こる反応でみてみましょう。

また、このようなセンスを身につけるのに瞑想をすることをおすすめしましたが、瞑想をしてみる前と、した後の身体で起きる反応をみてみましょう。

最初の頃は、感じたことをメモをとっておくのもいいでしょう。

このような感覚に敏感になると、クライアントさんと話していて、クライアントさんの出しているエネルギーが変化して、あぁ、これは自然の中にいたときのように、自由で呼吸ゆっくりで楽な感じがし始めた。

だから、クライアントさんが落ち着いてきたとわかるようになります。

このような感覚を、ベテランのカウンセラーやマッサージなどを施す施術者は感じ取り、クライアントさんが満足してリラックスしたことがわかります。

そのためには、自分自身がいつも中庸の位置にいないと、この変化はわかりにくくなります。自分の身体や心が平安であるのに、クライアントさんと同席していたら、非常にソワソワしてきたときは、自分の感情か、クライアントさんの感情かを見極めることが必要です。

それには、カウンセリング前にカウンセラーが心身ベストの状態であることが大切なのです。これがわかりにくいときは、カウンセラーはまず自分を整えるのが大切です。

また、瞑想の後にエネルギーに敏感になりすぎて困るカウンセラーは、コーヒーなどを飲むのもおすすめです。あるヒーラーの人が街に出てくるときに過ごしやすくするために、コーヒーを飲んで来ると言う話を聞いたことがあります。

このように、外出時は少し周りの波動を合わせたほうが過ごしやすいこともあります。アストラル体を敏感にしない方法です。

また、カウンセリング後に、たくさん食べ過ぎてしまうカウンセラーもいると思います。

食べすぎも、周りと波動を合わせる場合もあるでしょう。

カウンセラーはクライアントさんにエネルギーレベルで流したものを、空腹感として感じる場合もあるでしょう。例えば、クライアントさんをカウンセリングやヒーリングなどをして空腹感を感じるようなときは、高次のレベルとつながりが持ててカウンセリングなどができていません。特にヒーリングをするときなどはカウンセラーは自分はエネルギーが流れる媒体と考えて行ってください。そのように意識するだけで疲れるのでなくカウンセラーもクライアントさんと一緒に癒され元気になれます。

また、クライアントさんが空腹であったために影響を受けることもあります。

このようなことが多い場合は、カウンセラーにもよくありませんので、カウンセリングが終わったら自分自身をクリーニングしましょう。

6　変化に抵抗しない

♡チャレンジを怖がらないことをサポートしよう

クライアントさんだけでなく私たちは変化を基本的には嫌います。

もし、よい方向に変化することであっても、変わる前には変化を怖がります。

そのために、カウンセリングをしていても、クライアントさんが進むことに足踏みをしてしまったり、また戻ってしまうこともあります。

このようなときクライアントさんは、進む恐怖や、できなかった自分を責めることがよく起きます。この恐怖を感じることは、多くの人に起きることで、変化に抵抗することは自分だけでないことを伝えてあげましょう。

そして、それをサポートするフラワーエッセンスを飲んでもらいましょう。

変化の速度を感じられなくて、がっかりしているクライントさんには、それぞれの変化するスピー

ドは違うことを話してあげましょう。

そして、自分にとって新たな問題が起きるときは、その人が準備でき、解決できる範囲でしかそれが起こらないことも伝えましょう。チャレンジを怖がらないことをサポートしましょう。

♡諦めずに気長に取り組む

カウンセラーも、クライアントさんも、諦めずに気長に取り組む、忍耐力がポイントになります。フラワーエッセンスを継続していただければ、手にすることが難しいと考えていた人生さえも、手にすることができるように変化する手助けをしてくれます。

だからこそ、問題が出てきたときに、そこに立ち止まったりしないで、その課題をチャレンジするような心がけを持つように、フラワーエッセンスを継続することが大切で、その先には希望があることを伝えましょう。

例えば、「クライアントさんがイライラします」と言ったとします。

しかし、言葉だけでは見えていない部分があります。

イライラしているのは、淋しさを感じているのであれば、イライラを解消することと同時に、クライアントさん自身が淋しさに気づいていないのであれば、それに気づき、それを癒すことが必要になります。少しクライアントさんが思うより、先を行くような考え方を示唆して気づきを与えて、クライアントさんを応援してくれるようなフラワーエッセンスを選んであげましょう。

第6章　色々なカウンセリング内容

1　中毒、嗜好品を断つ

♡中毒になっている食べ物をたべるときクライアントさん自身で観察してもらう

クライアントさんの悩みの中に、特定の飲み物、食べ物の中毒になっている方も少なくありません。例えば、アルコール、特定の飲料水、お菓子などです。

そして、クライアントさん自身も、これらの物を取り続けてしまい、罪悪感を感じています。

まず、カウンセラーは、そのような物を控えてくださいとアドバイスする前に、クライアントさんはこのような物を取りながら心のバランスを取っている可能性があります。例えば、タバコを嗜む人は、イライラしたときや不安を感じているときに本数が増えたりすることが多いようです。

これらを止めたら、また違うものの中毒になったりして代用品を探してしまうでしょう。

例えば、買い物依存症の状態になったりすることも少なくありません。他の中毒では、チョコレートは止めたけど、ピザやチーズをよく食べるようになった。チョコレートや、チーズには食べたときに幸福感を感じるホルモンが出ます。ストレスのバランスを取るために、食べ物で代替えしていることも考えられます。

また、そのような物を取らないように真面目に取り組んでいたら、以前より心のバランスを崩してしまい、深刻な状態になってしまうこともあります。

まず、中毒になっている食べ物を食べたくなるとき、クライアントさん自身で観察してもらいましょう。

１日のうちに、特定の時間帯に食べてしまうのか。また、どんな生活リズムになると食べたくなるのか。

例えば、仕事が忙しくなるとそのような物を食べ続けてしまう。

また、どんな感情を感じたあとに食べたくなるのか。

誰と会った後に、どこに行った後に、何をした後になどです。

睡眠不足が続いてると食べていないか。

そして、女性は生理前になると、食べ物を取る量や特定の物を取り続けたりして、バランスを崩してしまうこともあります。

ある特定の人に会った後に、甘いものを欲する。

その場合、会った人が甘いものが大好きで影響を受けることもあります。このように会った人の影響を受けてしまっている人も少なくありません。

そのようなことが考えられる場合は、他人の影響を受けない、プロテクションやバウンダリーのフラワーエッセンスが必要です。

また、最近、恋人が欲しいけど現時点ではいない。

淋しさから、甘い物を食べ続けてしまっていることも考えられます。

それに心当たりはない場合、いつからそのような物を食べるようになったか。

きっかけになったようなことはないかを振り返ってもらいましょう。

例えば、半年前ぐらいに、周りの友人達が皆んな結婚してしまい、自分だけが独身になってしまった。お付き合いしている恋人の浮気がわかったが、それを許した。3か月前に、職場で人事異動があった。


このように、何か大きな変化がなかったか探ってみてください。

例えば、中毒のような状態が長いなら、思い出すのも大変なくらい、もっと過去のことが影響している場合もあるでしょう。

また、深く探っていくと出産時トラウマであることもあります。

母親の母体にいたときに、母親から拒絶されたと感じたことがショックになっていて、中毒の元の原因に繋がることもあります。

キネシオロジーテストを使ってフラワーエッセンスを探していくと、過去世が関係するエッセンスが出ることもあります。

そして、ここまでわかれば、さらに深い癒しの対策ができます。このレベルまで癒せるフラワーエッセンスがあるのでレスキューレメディと一緒に飲んでもらうと大きなシフトを起こせます。しかし、ここまで探る必要のないときは、各ブランドの中で中毒にいい効果をもたらすエッセンスを取ってもらうのがいいでしょう。

♡感情だけをみていても手落ち

砂糖中毒のようにいつも甘い物を欲する場合は、感情の問題だけでなく、生体科学の問題も十分考えられますので、身体に問題がないかも考慮しましょう。このような問題は、時間をかけてゆっくり取り組みましょう。

そして、1人でなく一緒に取り組める友人や、家族の協力が得られるかも中毒性から離れられ成功させるポイントの1つになります。

そして、特定の物を食べ続けてしまうのは、代償行為の可能性があります。

そのために、感情を整えると、自然にそのような物を欲しくなくなることも多いです。このような場合、キネシオロジーテストで調べてみると、ハートを癒す、整える、自分自身を愛する、そして、高い愛の波動のフラワーエッセンスが有効だという反応がよくでてきます。

2　悪夢、睡眠障害

♡フラワーエッセンスを飲むことが有効

カウンセリングでも、眠れない。すぐ目が覚めるというのはよくテーマに上がります。

クライアントさんがこのような場合、ある事柄を絶えず、あれこれよくない方向に考え続けていて、頭が休まらず、不安や心配になってきて眠れなくなった。というのが、圧倒的に多いようです不安や心配があれば、それを和らげてくれるフラワーエッセンスを飲むことが有効です。

仕事が忙しすぎる人は、帰ってからも仕事の延長であれこれ考えてしまい、頭が休まることがない人も多いです。

それで気分が高揚したまま、いい睡眠が取れずに次の日を迎えてしまうという事態になってしまい、ますます、疲れも持ち越してしまいます。

このような場合、切り替えが上手くできることが大切でしょう。例えば、マインドを静かにさせるフラワーエッセンスもいいでしょう。また、敏感な人は特に、夜、カフェイン飲料や刺激物や消化のよくない物を控えたほうがいいでしょう。

そして、照明も明るすぎる光は、心地よい睡眠を妨げます。

神経を休める照明には向きません。

♡悪夢を見たとき

悪夢を見て起きてからも、それが現実になるのではないかと恐れたりしているのであれば、恐れを癒すフラワーエッセンスなどを取るのがいいでしょう。

また、悪夢を見ることを恐れている場合は、枕元に緊急エッセンス（レスキューレメディ）を置くことをすすめてあげましょう。

寝る前にベットの四隅に結界を張るように、プロテクションのエッセンスを垂らしてもいいでしょう。

夜に霊的な恐怖を感じるのであれば、部屋全体にプロテクションがおすすめです。

プロテクションのフラワーエッセンスのボトルの原液を4本買って部屋全体の四隅に置いてください。そして、この部屋に不必要なエネルギーがなくなりますように。

そして、この部屋全体が継続的に守られますように、などとアファメーションを唱えてください。

ただボトルを置くだけより、意思を持って置くことが大切です。

この場合、各自が信じているエンジェルや大いなる存在にお願いをしてもいいでしょう。

♡栄養素の問題の不眠

また、クライアントさんが栄養素の問題で、睡眠に障害が出る場合もあります。

そして、睡眠導入前に問題があるのか、夜中に起きるのかで違ってきます。

それ以外、身体に問題がある場合も考えられます。

腎臓が弱っていて、夜中にトイレに起きやすいのであれば、腎臓辺りのエネルギーを整える、その辺りのチャクラを整えるようなフラワーエッセンスを飲んでみてもいいでしょう。

また、寝ているときにつま先が外側に向いている人は、腎臓の機能低下も考えられます。そして、恐れを感じている場合が多いです。

このようなことから、睡眠障害が長い間続いている場合は、身体の検査も必要になってくるでしょう。

♡**その他も見直してみましょう**

寝ているベッドの環境やシーツの素材やカラーなども気にかけてください。

例えば、枕元に本棚があり、真っ黒のポリエステルのシーツで寝ているより、枕元に家具がなく、優しいカラーのコットン素材のシーツのほうが心地よい睡眠には適しているでしょう。

また、不眠の人を調べると昼間動かないことが不眠に関係あるという結果が出たときもありました。

その場合は昼間に適度な運動をすることや、適度な太陽光がよい効果をあらわすこともあります。

また、松果体はメラトニンの分泌によって体内時間を調整しています。

この部分に対応しているフラワーエッセンスや地球のリズムと合わせるようなフラワーエッセンスも有効でしょう。

3　ピル（経口避妊薬）の服用について

♡**ピルを飲むのをやめたいのに言えないないときはフラワーエッセンスを選んであげよう**

ピルは、卵巣で作られる、卵胞ホルモン（エストロゲン）黄体ホルモン（プロゲステロン）の女性ホルモンが主成分です。

この女性ホルモン作用を利用して、排卵を起こさないように、また受精卵を着床させにくくさせることができます。

ピルは一般的には避妊のために使われる女性ホルモン剤です。しかし、月経不順、無月経、月経トラブルなどの理由から、クライアントさんがピルを飲んでいる場合もあります。

そして、ピルを飲むのを止めたいのに、それを医師に伝えることができないと聞くことも多いです。そのような感情にフラワーエッセンスを選んであげましょう。

例えば、ピルを飲み続けることに不安を感じる。医師にピルを飲みたくないと伝えづらい感情に対してです。しかし、どのような場合でも、ピルの服用に対しては、医師の判断にまかせ、カウンセラーは介入できませんし、介入しないようにしましょう。

ピルを止めたいというクライアントさんには、医師にその旨を伝えて判断を仰ぐように指導しましょう。

♡女性のリズムをエネルギーレベルで整えるのに

女性の体のリズムをコントロールするのは、視床下部と下垂体です。

この箇所にエネルギー的に対応するフラワーエッセンスを飲むのもいいでしょう。オーストラリアンブッシュフラワーエッセンスの中に、【イエローカウスリップオーキッド】というエッセンスがあります。このエッセンスの創始者のイアン氏によると、長い間ピルを取って、ホルモン系の不調がある人がこのエッセンスにエネルギーレベルで反応するそうです。

また、クライアントさんがピルを飲んでいる場合は、メリット、デメリットをカウンセラー自身が知識として調べてみましょう。そして、必要であれば、クライアントさんにも自分自身で調べてもらうようにアドバイスをするといいでしょう。

決して、カウンセラー側からサイトを教えたりはしないでください。サイトがメリットだけ書いてあることもあるからです。大切なことはメリット、デメリットをクライアントさんが知ることです。

4 虐待

♡クライアントさんをサポートするフラワーエッセンスを選ぼう

家庭内の虐待から、学校、職場、特定のグループ内での虐待があります。

まず、このような相談を受けた場合は、この現状からクライアントさんが勇気をもって解決策を見出し、行動をすることをサポートするフラワーエッセンスを選びましょう。

このような場合、多くのクライアントさんはただ相手から受ける暴力にひたすら耐え、相手が治まるのを待ちます。

まるで、このような状態が運命かのように受け取っています。

例えば暴力を振るうのが親の場合は、子供は幼い頃から暴力が振るわれるのが日常であります。

このような親子関係の間での虐待が長く続いていればいるほど、子供は暴力を受けるのが当たり前と受け取るでしょう。

しかし、このような状況に対して、ある程度大人になれば離れる選択ができます。それなのに、このように成長した子供の中には、その選択を、まるで罪のように感じてしまっています。

そして、そんな苦しい選択をするなら、自分が犠牲になることを選択します。

無意識で、虐待する親から離れるのも、親を見捨てたように感じてしまい、苦しく、暴力を受ける方を選択してしまうのです。

このような選択は賢明ではありません。しかし、この状態になっているクライアントさんには、この声は聞こえにくいでしょう。

誰もが親を愛していて、その姿は本当の姿ではない、いつか変わるだろうと思っているものです。

しかし、我慢をし続ける優しい子供は、多くの場合が先に自分のほうが精神的に参ってしまいます。カウンセラーからすると、どうして早く離れる選択をしないのかと感じることがあるでしょう。

また、クライアントさんがなかなか決断をできないのは幾つかの理由があります。

カウンセラーからしたら考える時間が長すぎると感じても、クライアントさんには必要な時間なのです。

前記のような場合、両親との関係を癒す、自分を愛することに気づく、インナーチャイルドの癒し、共依存しないで独立、自信を持つ、否定的に見ないで将来を明るく見るなど多くのテーマがあります。

そして、このような関係性であっても、親に強い怒りを感じていることを感じたくないというクライアントさんは多いのです。

だからこそ、クライアントさん自身が親に対して怒っていると言えたときから、第1歩の癒しは始まるのです。

この気づきの段階をカウンセラーが急ぐと、クライアントさんは不安感が強くなったり、なんとなくカウンセリングを受けるのに気が進まなくなり来なくなったり、継続をしなくなるでしょう。

これでは、とても残念です。慎重にカウンセリングをすすめてください。

♡相談できる機関などを調べておく

また、カウンセラーはフラワーエッセンスのブレンドだけでなく、このようなことを、相談できる機関、法的なことを調べることをすすめましょう。

そして、経済的な理由から虐待されていても離れられないこともあります。経済的な安定は独立の為にも大切な要素です。

虐待されるのが子供、高齢者、動物の場合は、大人以上に、周りの大人が気にかけてあげる必要があります。

このような場合は、見ないふりをしないで、専門機関や警察に相談や通報も必要でしょう。避難場所も考えておく必要もあります。

例えば、カリフォルニアでは、カウンセラーが危害を与えるような人を警告するよう義務づけがされています。それによってカウンセラーも法的な責任を追及されません。

♡**動物の虐待**

人間以外にも、虐待された動物などのケアにもフラワーエッセンスがおすすめです。ペット専門にブレンドされたフラワーエッセンスもあります。

虐待など受けて、怪我、傷の跡はオーラ体も穴が開いたり、裂け目ができます。フラワーエッセンスを手にとってオーラ体を修復するように体の周りのオーラを撫でることをすすめましょう。

また、虐待される側でなく、虐待する側の心の闇の部分にも、フラワーエッセンスは光を与えてくれ有効です。

5　集団意識からの影響

♡**準備を整えて、必要以上に恐れない**

集団意識からの影響と言っても、普段は自分がそんな影響を受けているとはあまり感じにくいものです。

しかし、例えば、世界のどこかで、地震が起きたとします。

すると、日本人の私たちは、これを他人事でないような気持ちになります。

そして、被災者を心配したり、日本は大丈夫かと心配になったりします。

これが、もし、日本のどこかで起きたとなれば、もっと集団意識からの影響を受けます。

被災地では、情報が素早く入らないことで、パニックになったり、集団ヒステリー状態に陥りやすくなってしまいます。

しかし、悪い影響ばかりではありません。よい影響では、被害を受けていない人達が、被災者の少しでも助けになればと行動します。その優しさにふれ癒されます。

また、こんな日本が大変なときだから不謹慎だとして、旅行を控えたりする人もいるかもしれません。

同じように考えて旅行をキャンセルする人が増えることが起きます。

このように、日本全体の雰囲気が変わります。そして、一部の人達の経験や感情の影響を私たち誰もが受けているものです。

この不安感が日本全体に広がると、食料や水を必要以上に買い占めたり、防災グッズを揃えたりするでしょう。

スーパーに行ってある品が、品切れになっていたら、今、買わないと、しばらくなくなってしまうと慌ててしまうかもしれません。

つまり、通常の自分の思考力が落ちて、混乱してしまい外からの影響を受けやすくなります。冷静な状態ではありません。こんなとき、集団意識の影響を受けないフラワーエッセンスを飲むようにしましょう。

例えば、戦争や経済の危機などでも同じようなことが起きます。

このようなときには周囲の集団のエネルギーの影響を受けずに、準備を整えても、必要以上に恐れないことで、いざというときに冷静な判断、行動ができます。

6　買い物依存症

♡買い物依存症とは

買い物を必要以上にしすぎることはクライアントさんが何らかのストレスを抱えている状態と考えられます。

ブランド品などを収入以上に買ってしまったり、同じ物や、不必要な物を買ってしまう。

問題になってくるのは、浪費を超えて借金をしてしまい返済ができなくなることです。

また、商品を買ってしまった後に落ち込み後悔をする場合です。

女性の方は買い物依存症の傾向が強く、男性はギャンブル依存症に向かう傾向があると言われています。

家族の誰かが、このような場合は、他の家族にも金銭的な負担が精神的負担になってきます。発覚したときには、高額な金額になっていることもあります。

また、このような人が家族の中にいるときは、新しい物が増えている場合は注意が必要です。クレジットカードを持っていると簡単にインターネットなどで買い物ができてしまうので注意しましょう。

場合によっては、このようなことで悩んでいる人が集まる無料の自助グループなどもあります。そのような場所に出かけ、回復した人の話などを聞いたりし、自分も、この問題を超えられると希望を持つことが必要な人には訪ねるようにアドバイスをしてみましょう。

早期に発見できることが本人と周りの人にとってもいいことです。

買い物依存症になりやすい人は、自分自信の自己評価が低く、高価な物を持ったりすることで満足したり、自尊心が高められていることが考えられます。

そして、買った物を隠したり、商品の金額を偽ったり、それが発覚して周りの信頼を失うこともあります。

フラワーエッセンスでサポートするのに、自尊心の低さ、自信がない、同じことを繰り返す、忍耐強さ、ストレスを緩和させる、依存症、自立心がない、疎外感を感じている。

また、家系の中にも買い物依存、借金の問題を抱えている場合は、家系の影響を避けるようなエッセンスもいいでしょう。

また、このようなクライアントさんにキネシオロジーテストを使いエッセンスを選ぶと、愛のエッセンスが出てくることがよくあります。

愛に満たされていたら、このような問題は起きにくいのでしょう。

そして、家族関係も見てみましょう。父親、母親、どちらとものの関係に、何かしらの未解決の問題がある場合が多いです。

また、幼い頃にあまり物が買えないで、辛い思いをした場合も反動のように買い物をする場合もあるでしょう。

このようなときは、トラウマを癒すことが大切でしょう。

買い物依存症は、強迫性障害にも似ていると言われています。

サポートする周りの人も精神的な負担がかかるので、フラワーエッセンスを飲むことをおすすめします。

7　依存症（アディクション）

♡依存症とは

依存症とは、止めようと思っていても、快楽を繰り返し得たことで、その刺激が抑えられなくなって追い求め、執着することです。

そして、その刺激がないと、精神、肉体共に不快になり、好ましくない習慣にはまってしまっていることです。

①物質に対して

アルコール、タバコ、甘い物、チョコ・唐辛子・清涼飲料水など（特定の食べ物や飲み物）、薬物など

②行動に対して

買い物、ギャンブル、スマホ、ネット、仕事、SEX、ゲーム、暴力、恋愛など

③人に対して

親、他人（カウンセラー、先生）、恋人（6章の9参照）

クライアントさんがこのようなときは専門機関に相談することをすすめましょう。

♡カウンセラーは病名にとらわれてフラワーエッセンスを選んではいけない

この場合、薬物を省いて、どれも度が超えてしまうことが問題です。

物質、行動に対しての依存などは健康問題も大きく関わってきて、深刻な問題になってきます。

また、このような人が家族の中にいる場合は、その人だけの問題のように見えますが、実は家族全員が関わっている問題です。

支える側も大変なのでセラピーを受けたりするのもいいでしょう。

カウンセラーは病名に囚われてフラワーエッセンスを選ぶのではなく、このような症状が出ているクライアントさんが、どんなネガティブな感情的を持って、悩んでいるかでフラワーエッセンス選びをしましょう。

例えば、ダメとわかっているのにショッピングに行きたくなってしまう。

計画を立ててお金の管理ができない、家族に悪いとわかっていても買い物をしてしまい嘘ばかりついてしまうなど。このような感情に対してフラワーエッセンスを選びます。そして、治療は専門医師に任せてください。フラワーエッセンスはサポートとして考えてください。

8　被害妄想

♡クライアントさんの思い込みや勘違いがある

他人から危害を与えられていないのに、いると思い込んでしまうことです。

クライアントさんがそう思い込んでいる場合と、よく聞いていると、相手がそのような態度を取るなら、危害を与えられていると勘違いをしてもしょうがないと思うことがあります。

あるクライアントさんが、職場で自分に好意を持った人に告白され好みでないのでふったら、周りに自分の悪口を言いまわっていると言っていました。

「それを実際に職場の誰かから確認できたのですか？」と尋ねると「いいえ、そうではありません。

周りの人達の態度が最近、変なのでそう思います。絶対、社内メールなどで私の悪口を送りあっています」

このようなことを聞く場合があります。

この場合は、本当のことはわかりません。しかし、このクライアントさんに必要なのはコミュニケーションです。

つまり、クライアントさんはコミュニケーションを取らないで、このような妄想をしている場合があるのです。

また、周りの態度を敏感に感じ不安を感じているとも考えられます。

不安を和らげるフラワーエッセンスを選ぶのも有効です。

この程度であればいいのですが、例えば、「職場の誰かが私を尾行しています」という例もあります。

疑うばかりでは後から大変にもなりかねませんので、必ず専門機関へ相談をしてみることも同時に伝えてください。

♡カウンセラーがリードする

このようなカウンセリング時には、話が長くならないようにカウンセラーがリードしましょう。

そして、クライアインさんとの話が長くなりそうなら、「ありがとうございます。わかりました。では、次にご質問させていただきますね」などと言って切り上げ専門機関へ促してください。

このようなことを長く話すことで、より妄想が強化されてしまうと考えられてもいるからです。

♡自分の出したエネルギーに怯える

また、自分が悪口などをよく言う場合は、他人も言っていると感じやすいでしょう。

その場合は、意地悪な心にならない、愛のフラワーエッセンスがいいでしょう。

例えば、過去に外見を笑われたトラウマがあり、それが影響していて、誰かが笑うと自分の外見で笑っていると感じる場合もあります。

その場合は、過去のトラウマを解消するフラワーエッセンスがいいでしょう。

また、被害妄想はひどくなると日常生活に支障をきたしたり、他人との関係が悪くなってしまいます。

そして、身体も疲れていることが多いでしょう。身体のエネルギーを整えるフラワーエッセンスをおすすめしてください。

家族や周りの人が医師や専門の機関に相談することも大切でしょう。

カウンセラーは病名に囚われてフラワーエッセンスを選ぶのではなく、このような症状が出ているクライアントさんが、こんなネガティブな感情的を持って悩んでいることでフラワーエッセンス選びをしましょう。病気でも誰も相手にしてくれないようで孤独感を感じているなどです。

自分自身が妄想していることには気づきにくいので、例えば、あの人が怖い、イライラするなどでフラワーエッセンスを選んであげてもいいでしょう。

また、周りの対応などに不満があり悩んでいる場合も考えられます。

9　共依存

♡共依存とは

共依存関係で離れたいのに、お互いに何故か離れられないのは、エネルギーの観点から見たときに、お互いに反対の極を持っているからです。

共依存関係は上手くいかなくなります。

それは、エネルギーボディである、（エーテル体）呼吸パターンは個人個人の内側でバランスをとる必要があるためです。

お互いが吸う息、吐く息のどちらかに執着することや、相手をコントロールしようとすれば、エネルギー的にも葛藤を生み出すことになります。

依存の人は吸う息に執着します。そして、見捨てられる感情などを抱きます。

そして、相手と融合を保とうとします。

また、もう一方は吐く息に執着します。そして、息苦しい圧迫感を感じます。相手と分離と独立

を保とうとします。

10　アレルギー

♡アレルギーになりやすい食材

アレルギーについて別の角度からの意見を紹介します。

ドーリンバーチュー、ロバートリーブスは著書の中で、食物アレルギーの反応は、数時間後か、数日後に遅れてやってきます。

今日の症状は、昨日飲んだミルクかもしれないでしょうと述べています。

また、過食する食べ物、飲み物を疑ってみましょう。

そして、自分の身体が一番受け入れがたい食材に依存しがちと言っています。

アレルゲンを自分で探す方法を試すときは、少し前に食べたり、飲んだ物を思い出してみてください。

アレルギーになりやすい食材は、

大豆

牛乳

卵

小麦
かに、エビ
カシューナッツ、クルミ、アーモンド
などです。

そして、大好きな物はよく食べるので、アレルギーになりやすいでしょう。

体に出る反応に注意を向けていると、皮膚がかゆくなったり、頭痛がしたり、鼻水、眠気が出たりするでしょう。

気づいたら、まず、アレルギーの食材は控えましょう。

そして、アレルギーの食材を取らないという選択もありますが、アレルギーを治す方法もあります。

アレルゲンの食べ物をアンプルなどに入れて手に持ちながら、アレルゲンを治すのに何分か眼球運動をする方法です。これを指導している専門家がいます。

その期間は、アレルゲンになる食材は控えます。

何か薬を飲んだりするわけでもなく、とても安全な方法です。

しかし、また、好きな物を食べ過ぎたりすると、アレルギー反応が戻りやすいので、継続して食材を取り続けないことが大切です。バランスよく、色々な食材を取りましょう。

この方法で、私自身、大豆アレルギーを直したこともあります。もちろん、大好きな食材だったので、アレルギーになったのでしょう。また、アレルギーの出た場所で、自分の隠された感情にも気づいたことがありました。

身体の不調が現われる場所とネガティブな感情が関連しているので調べてみるのはおすすめです。

♡アレルギーは物質化した攻撃性

また、自分自身がアレルギーと感情との関わりで納得できる部分があったので、カウンセラーには次のような意見も非常に参考になると思いますので、載せておきます。

T・デトレフゼンとR・ダールケが著書の中で、攻撃性が意識から体におりてきて暴れ出したのがアレルギーです。

麻酔などで意識がないときは、アレルギーは出ないと述べています

アレルギーは物質化した攻撃性。

次の4点に心当たりがないかと言っています。

★意識の中に攻撃性があることがイヤで、体にその処理を押し付けているのはなぜか？

★直面できないほど大きな不安をかかえているのは、人生のどの領域か？

★自分のアレルゲン（アレルギーの原因となる物質）はどのテーマを示唆しているか？　性、愛、繁殖、攻撃、不潔（人生の暗い側面という意味で）など。

★周りに力を及ぼすために、どれくらいアレルギーを使っているか？
★愛、つまり他を入れる能力について、どう考えているか？
アレルゲンの種類によって、見えてくることがあります。アレルゲンがペット（猫の毛）、花粉などの場合は愛、性、衝動、繁殖のテーマに不安があったり抵抗している意味合いを持つ。

また、ハウスダストなどは、周りの人にも気をつかってもらうために、自分では気づかずに周りに力を振っている。そして、喘息はアレルギーに近い意味合いを持つと言っています。

また、食べ合わせが原因でアレルギーが起きることもあります。

消化に負担がかかるものを何種類かを食べると未消化物で毒素ができます。

この毒素が原因です。

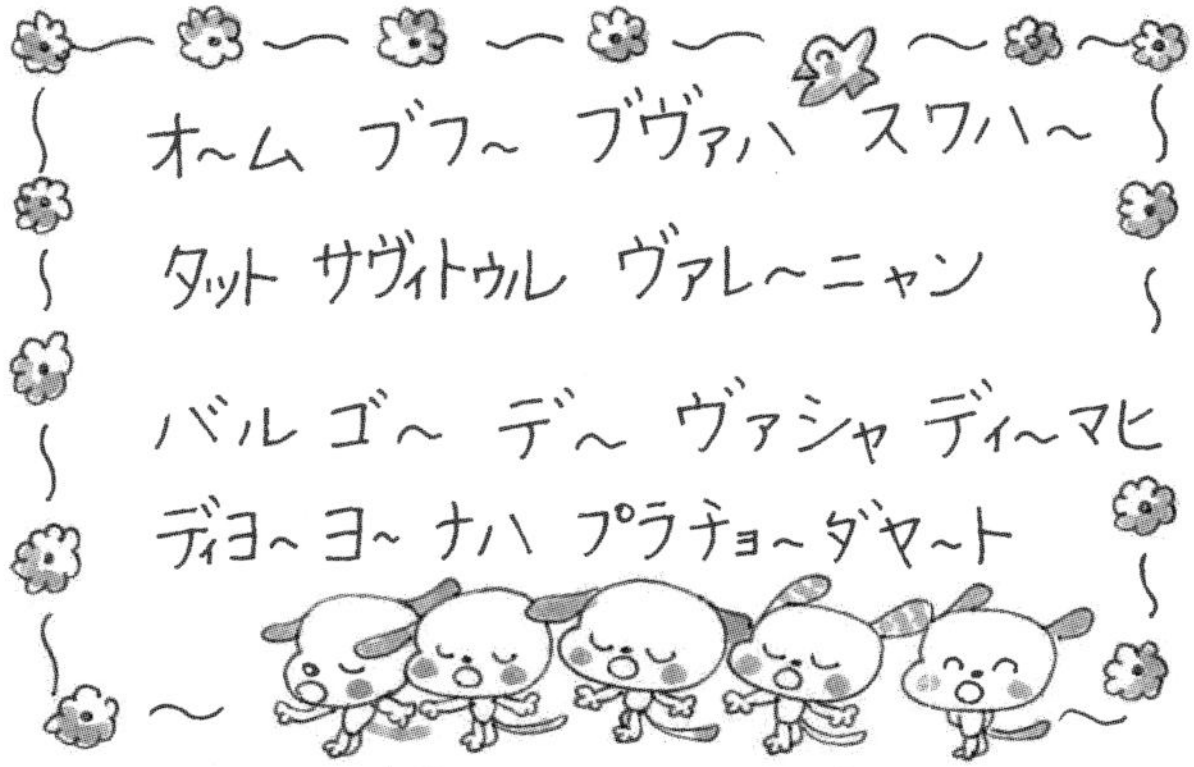

オ〜ム ブフ〜 ブヴァハ スワハ〜
タット サヴィトゥル ヴァレ〜ニャン
バル ゴ〜 デ〜 ヴァシャ ディ〜マヒ
ディヨ〜 ヨ〜 ナハ プラチョ〜ダヤ〜ト

〔ガヤトリーマントラ〕

第7章　カウンセラーとして大切なこと

1　許せない人、苦手な人がいるクライアントさんに

♡物理的にもエネルギー的にも距離が必要

許せない人がいる、苦手な人がいるという悩みはカウンセリングをしているとよくあります。

私達が「好き」と思うときは、息を吸うときの感覚です。息を吸うと気持ちが広がるような感覚になります。

反対に嫌いと思うときは、息を吐く感覚です。息を吐き出すように相手との間に距離や空間を必要とします。

私達は許せない人、苦手な人がいるときに、エーテル体が息を吐き出すような、実際の距離だけでない、エネルギー的な距離を必要としているということです。

クライアントさんに何年も会っていない苦手な人を思い出してもらうと、「嫌だ」と言っている場合は、実際の肉体レベルだけでなく、エーテル体レベルでの距離を必要としています。トラウマ、許し、プロテクション、エネルギーコードを切るようなフラワーエッセンスを試してみましょう。

また、縁切りなどの儀式的な方法を試すのをすすめるのもいいでしょう。

相手を許すと言っても、クライアントさんによって、それぞれの段階があり、カウンセラーは当たり前のアドバイスでなくクライアントさんの気持ちを尊重することも大切です。

2　そのままを感じていい

♡ネガティブな感情をマインドで考えないようにする

クライアントさんが「私は旦那に日頃の無関心な態度には怒っています。だけど、旦那のおかげでここまで来ることができたので、旦那には感謝をしなければと思っています」

このような言葉はカウンセリングをしているとよくあります。

とくに真面目な人が口にします。

心で怒っているけれど、感謝しなければならないとマインド（頭）で思っています。このように、そのときに感じたネガティブな感情をマインドで考えないようにすることが大切です。

このような感情はもっとシンプルなものです。

まず、感謝は今は考えないように伝えましょう。

この場合は、素直に日々の旦那様の態度に怒っていることを認めそれを癒すことをしましょう。

もしかしたら、旦那様以外のもっと深い関係の人との癒しが必要になることが多いものです。

例えば、無関心な態度をクライアントさんに取り続けたのは親かもしれません。

この場合であれば、旦那様への怒りや親への感情を癒すことをしていけば、感謝の気持ちは自然と湧き上がってくるものです。

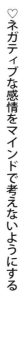

私達は本来そのような性質です。

ネガティブな感情の上にマインドで考えた言葉を上乗せすると、より複雑になります。ネガティブな感情を感じないように蓋をしてしまうからです。

感情を中に溜めてしまい、本人の中でも自分自身がいったい何を感じているかわからなくなってしまいます。

私達は怒りを持って、本当の感謝はできないのです。

そして、私達はそのようになればなるほど、言葉とは全く違ったエネルギーを出します。

すると、相手は感謝の言葉を述べられたけど、エネルギーレベルでは反対のエネルギーが伝わり、なんだか居心地がよくないと感じます。

文句が多くなり、感謝の心が全く湧いてこないというときに何かの原因があります。

例えば、怒りや悲しみを癒していけば、自然とたくさんの恵みに感謝する心が戻ってきます。

怒りたいときは適切な方法で怒りましょう。

ネガティブな感情を感じる自分自身もおおめにみてあげましょう。

しかし、その感情に長居をしても、あまりいいことはありません。

また、このようなタイプのクライアントさんは、ネガティブな感情を持つことに罪悪感を感じています。罪悪感を持つ必要がないことを伝えましょう。

もし、持ち続けるのであれば、自分以外の誰かからの、言葉や態度の影響を受けているかもしれません。

そう思うようにコントロールされたり育てられているかもしれません。

怒りや悲しみが癒されたときに、その経験すら感謝することもできるようになるのです。

アンジエリックエッセンスの中に賛美・感謝【プレイズ・グラティチュード】のエッセンスがありますが、そのエッセンスの説明を抜粋してご紹介します。

感謝は私達が持つ最もパワフルな感情の1つです。感謝の気持ちがあるとき、神様がより多くの祝福と恩寵で応えてくれます。

感謝の心がどれだけ、私達に幸福感をもたらしてくれる鍵かがわかります。

3　非言語のコミュニケーション

♡言葉以外のコミュニケーションをしている

私達は言葉以外でもコミュニケーションをしています。

小さな子供達は母親の言葉がわからなくても母親から出される波動を感じて反応をしています。

大人になっていても、私達はそのような非言語のコミュニケーションをしています。

例えば、あなたが結婚をしていて、何か習いごとをしたいのに、パートナーに確認を取ったときに、テレビを見ながら目を合わせないで、「行ってきたら」と言われるのと、目を合わせて「行ってきたら」

と言われるのでは、相手から感じる承認が全く違うニュアンスに感じるでしょう。

4　豊かさを手にする

♡豊かなエネルギーを自分自身が発するように波動を整える

お金はエネルギーでもあるので循環を止めてしまうとお金が入ってこなくなります。

だから、お金のエネルギーを循環させるにはもらうばかりでなく、与えることも大切と言われています。

つまり、豊かな人たちが心がけていることに寄付があります。

いただいたお金の中から、その一部を喜んで必要な人に与えることです。

与えることでまた、自分の元に戻ってくるのです。

出したものは自分が受け取るものというエネルギーの法則があります。

また、そのときに出したものが、もう入ってこないのではないかという考えを持つと、そこには恐怖があります。

恐怖を持ったまま、豊かになることはありません。

信頼することや、豊かさのエネルギーを自分自身が発するように波動を整えることも大切です。

また、過去の経験や自己価値が豊かさを受け取ることに関わることもあるので十分にそれらを癒す必要があります。

♡受け取るのが苦手な人

例えば、「お洋服の色、お似合いですね」と初めて会った人に言われました。あなたはどう反応するでしょうか。

「いえいえ、とんでもない」と謙遜しますか。

「ありがとうございます。嬉しいです」と素直に喜びますか。

どう答えるでしょうか。

日本人の文化にはまだまだ、謙遜の精神があります。

しかし、言葉も相手からの贈り物です。

まずは、「ありがとうございます」と言うことは大切ではないでしょうか。

相手が自分の言葉をただ純粋に受け取って喜んでくれたら、嬉しくありませんか。

このように、自分が受け取りベタなら、これからは意識して受け取ってみてください。

5　自分のフラワーエッセンスをつくる

♡フラワーエッセンスのつくり方

フラワーエッセンスをつくる体験はぜひ、チャレンジしてみてください。
つくり方はとてもシンプルです。
用意するものは

①　ガラスのボール
②　ビーカー（計量できる物）
③　つくったエッセンスを保存できる蓋ができるボトル（瓶）
④　水
⑤　ブランデー40度以上
⑥　紙と筆記用具
⑦　カメラ
⑧　クリスタル（天然石）

フラワーエッセンスをつくるのは晴天の午前中の雲ひとつない日が理想です。

フラワーエッセンスをつくるときには、まずその土地のディーバや天使達や自然界の四大元素

（地、空気、火、水）を意識して、フラワーエッセンスをつくることを伝えましょう。

そして、花と同調（アチューンメント）して、積んでいいかの許可を取りましょう。

ＯＫが出たら、花を手で触れないように摘みます。

例えば、同じ花の茎などを２つに折って、花を挟んで引っ張ります。

その花に手が触れないようにして、水を張ったボールの中に入れます。

そのときに、自分の影もそのボールにかからないように配慮します。

そして、ボールの水面が花で一杯になるまで入れます。

それを、２～３時間を目安に太陽の光に当てます。

その間にやることは、その花をよく観察します。

花は何枚の花で何色で、どんな所に咲いているか、茎はどんな感じか、葉はどんな形か、香りはどんな香りなど、その花を観察しましょう。

絵を描くことや写真に収めておきましょう。

そして、その花に同調しましょう。そしてそれから得たメッセージを残します。

また、フラワーエッセンスができたら、エッセンスを飲んで同様に得たメッセージを残しておいてください。

フラワーエッセンスができるまでの変化も見ておきましょう。

見た目でも違いを感じ取れます。

出来上がったと感じたら、そのフラワーエッセンスをビーカーなどを使って測り、同分量のブランデーを入れます。

これで、マザーボトルと言われる母液の出来上がりです。

母液をさらに薄めたものがストックボトルです。

一般に販売されているフラワーエッセンスの原液です。

オーストラリアンブッシュフラワーエッセンスのイアン氏はフラワーエッセンスをつくった後に、その花の根元にクリスタル（天然石）を埋めています。

お花に対して敬意を表し、感謝の気持ちを持っています。

このいい習慣もぜひ、フラワーエッセンスをつくったら私たちも真似をしたい1つです。

♡花との同調（アチューンメント）

フラワーエッセンスをつくるのに、誰もが最初は、花との同調（アチューンメント）に自信が持てなかったり、疑ったりするでしょう。

同調（アチューンメント）についてはフィンドホーンフラワーエッセンスのマリオン・リー女史が著書の中で、ザ・マザーの言葉を載せています。

この一文が参考になると思います。一部分だけご紹介します。

花と波動を合わせるには、まず、あなたが自分の魂や聖なる存在と、意識によって結ばれていなければなりません。

この波長の同調（アチューンメント）を通して、あなたは神のあらゆる創造物の内部と背後にある、意識の一体感と愛に気づくようになります。そのとき初めて、あなたは花と意識を通わせることができるのです。

そして、同調（アチューンメント）について、フィンドホーンの教育プログラムの開発にあたった、デヴィッド・スパングラーの言葉も一部紹介します。

まず一体性（ワンネス）という考えを理解してください。

それは、本当の意味での分離や孤立といったものはありえないということ、この世に存在するものはすべて、その内部で1つの生命の流れを共有しているのだという考えです。

こうして、すべての創造物は一体であるということがわかれば、人間的な意識の次元を超えて広範な生命の領域と直接交流するための技術が、おのずと明らかになってきます。

この技術を私達は同調（アチューーメント）と呼ぶのです。

一見、私たちの外部にあるかのように見える、高次の生命と直接コミュニケーションをとるためには、ただ、自分の内部にその存在を発見し、波長を合わせればよいのです、と述べています。

このようなことをサポートしてくれるエッセンスはアンジエリックエッセンスの「ストレスニング・アワ・コネクション・トゥ・ザ・デヴァバイン」。

私達の個人の神性との繋がりを強化してくれます。

アンジエリックエッセンスの「ザ オール ザット イズ」ありとしあるもの。
もっとも深い部分でワンネスを認識し、そこから生きる。
アンジエリックエッセンスの「インラケッシュ」私はもう1人のあなた。
あなたはもう1人の私。すべてのものとの絆や一体感です。などです。

6　発信する大切さとカウンセラーとしての心構え

♡SNSなどでミッションや考えを発信する

カウンセラーになったらSNSなどを通じて自分が大切にしているミッションや考えを述べていくことが大切です。

それによって、あなたがどんなことを大切にしているか、あなたの人となりがクライアントさんや見込みの客のクライアントさんに伝わります。

また、あなた自身もこんなクライアントさんに来てほしいという発信もしていることになります。

つまり、あなたの発信している内容で、このカウンセラーさんのことをもっと知りたいとブログの読者になってくれたり、動画を見たりしてくれるようになります。まず、あなたの雰囲気や考えに共鳴した人があなたのクライアントさんになるのです。

女性なら発信の内容以外の部分である、ファッションやライフスタイルの発信も大切になるで

しょう。

♡テクニックにお金を使うのはまだ先でいい

テクニックを使って宣伝広告費をかければSNSで講座やカウンセリングをするのにある程度の人数は集まりますが、あなたに本当に興味がある人だけを集められたかはわかりません。

そのような広告費をかける集客の方法もありますが、それをするときにはカウンセリングもある程度の実力がともなっていることが理想的です。人数は来てくれたけど自分のカウンセリングにほんとは自信を持てないという声も多いからです。また、人が来てくれなかったとも聞きます。

1回は受けてくれたけど、次は継続してくれなかった。カウンセラーも自分のファンになってくれるそんな人たちを集めなければ長期的には意味がありません。

♡最初のカウンセラーのステップ

私自身のカウンセラーとしての最初のステップは東京、名古屋、大阪で行われる大きなスピリチャルなイベントに出て、フラワーエッセンスのカウンセリングを安い金額で試していただきました。

そのときに、「この金額はイベントのみの価格になります。通常は自宅サロンでこの金額でやっていますから、何かございましたらここにご連絡ください」

または、ＳＮＳで繋がってイベント後にクライアントさんと連絡がすぐ取れるようにしてきました。

そのようなことだけでも、イベントから少しずつ自宅サロンに定期的にきてくれる方が増えていきました。

そして、だんだんそのクライアントさんから、自分以外に家族の相談、パートナー、ペットの相談とクライアントさん１人からどんどん広がっていきました。

カウンセリングが気に入ってくださり、クライアントさんは自分の周りの方々も紹介くださり、長期継続してくださる方々が増えていきました。

たった、１人の人を大切することで、このように広がっていきます。

カウンセラーとして食べていきたいなら大切なのはカウンセリングの実力をつけていくことと、クライアントさんとの間の信頼関係です。

ぜひ、短期的なお金儲けや数だけの集客だけでない考え方を持ってください。

例えば、カウンセリングに来る方は心を癒されたい、夢を叶えるために力が欲しいと予約を入れてくださいます。

カウンセラーがまず、自分の儲けを考えている時点でクライアントさんが継続してくれることはありません。

カウンセリングをクライアントさんのために真摯に続けていけば、お金の心配からも自然に解放されていきます。

♡最初は稼いだお金は学びやフラワーエッセンスの購入を

私自身はカウンセリングで稼いでは、次の学びに使い、稼いでは、持っていない新しいブランドのフラワーエッセンスをどんどん購入していきました。

新しい学びをすることで、さらにクライアントさんはカウンセリングを継続くださったと思います。なぜなら、フラワーエッセンスを使うことで、クライアントさんも成長するからです。

カウンセラー自身の成長が止まっていれば、クライアントさんは別のカウンセラーを探すでしょう。また、新しいフラワーエッセンスを購入すれば、そのエッセンスがぴったりなクライアントさんが来ます。

エネルギーの法則はとってもおもしろい体験をさせてくれます。

♡カウンセリングをするときにどんなエネルギーを出していますか？

カウンセラー自身が不安の中にいて心が整っていなければ、クライアントさんの予約の流れがピタリと止まります。

そんなときに、自分の内面のどんな恐れがあるか、どんな不満や願い、本音があるのかに気づいていけば、またよい流れが戻ってきます。

♡カウンセリングから講座を教える先生に

そんな風にカウンセリングをしていたら、だんだんカウンセリングを継続していたクライアントさんの中からフラワーエッセンスを学びたいという方々が出てきました。私がフラワーエッセンスの講座を始めたのはクライアントさんからの要望からでした。

そして、それをやっていると、次はこれを学びたいとリクエストがきて、また、新しい講座をつくっていきました。クライアントさんからの要望で講座も開催するので売れない心配もありません。

こうやって、クライアントさんによって私自身も成長させられました。

また、カウンセリングをしていてクライアントさん達に毎回聞かれることが同じと気づき、ブログに書いていたら、それが元でフラワーエッセンスの本ができました。ブログを書いていなければ、出版社がＯＫをくれることもなかったでしょう。

♡チャンスは継続していることである日やってくる

こうやって少しずつそのときにできることを背伸びをしないで継続してきて、個人であるレベルまでくることができました。

そんな中、初めて行った起業塾で講座が終わる頃に主催者から声がかかりました。チームを組んで大きな仕事の話が舞い込みました。最初は仕事の仕方はプロ達の考え方や、やり方になれることで精一杯でした。しかし、チームの多くの愛と支えもあり乗り越えることができました。この体験は私の学びとなりました。

フラワーエッセンスやスピリチュアルで起業していくにも、まず、自分１人でもある程度なところまでできるようになる。実力をつけておくことが大切です。

そこまで来ていたら、さらなる大きな仕事の声がかかったときでもプロたちと組んでできるようになります。自分で広告費などをかけていきなり大きな仕事をしても、それまで個人でやってきた蓄積がなければ、精神的にも体力的にも辛いことの方が多くなると思います。

私がたった１人のクライアントさんから、現在まで進んできた経過を簡単ですがお伝えしました。最初にクライアントさんになった方は今でもカウンセリングを継続されています。独身だった方が結婚して、今、子供は中学生です。

カウンセラーという仕事を通じてクライアントさんの人生に深く関わります。喜びのときも辛かったときも一緒に人生を共に過ごした仲間のようでもあります。この出会いは人生の宝物です。

♡フラワーエッセンスのカウンセリングは多岐にわたる分野をカバー

フラワーエッセンスのカウンセリングは感情レベル、人生の困難なときのサポートだけでなく、過去世、魂の癒しまで可能です。これによって、学びも多岐にわたります。

スピリュチャルを人生の一部としたい方はフラワーエッセンスに関わり続けるだけでも、成長し続けることが可能だと思います。

♡学びは人となりも

私が一番大切なことだと思っていることをお伝えしたいと思います。

カウンセラーは、能力を上げていくために謙虚に学び続けることが大切です。

このスピリチュアルな世界も学びに終わりがないように思います。

ただ、それ以上に大切なのはそれを伝えるカウンセラーの人としての部分です。例えば、能力があるのに、クライアントさんが聞いていないことを信頼関係ができていないときから伝えることや、体の悪い部分を言う。

その悪い部分の対策までお伝えできるのならいいのですが、伝えっぱなしの場合、聞いたクライアントさんが怖くなって私に再度、恐怖をとるエッセンスを希望してカウンセリングを入れてくることがあります。

カウンセリングはカウンセラーを通じて出てくる言葉は、カウンセラーの選ぶ言葉のチョイス1つで随分印象が変わってきます。

だからこそ、カウンセラーの人となり、カウンセラーがすでに癒された人であるかが大切になるのです。

これでこれからフラワーエッセンスを取り入れてカウンセラーとして、セラピスト、ヒーラー、ミディアム、チャネラー、アニマルコミュニケーター、占い師などスピリュチャル起業したい人たちの全体像をお伝えできたと思います。次の章ではより具体的にお伝えします。

第8章　カウンセリングの集客・価格・起業

1　フラワーエッセンスカウンセラーのクライアントさん集客方法

カウンセラーになるのにフラワーエッセンスを学び、今日からカウンセラーですと決めて名乗ったらカウンセラーにはなれます。

ただ、自分が名乗ってもクライアントさんがいなければ、カウンセラーとしてお役に立てません。

まず、クライアントさんを集客するのに多くの方法があります。

広告費をかける、つまりお金を使って集客する方法から、あまりお金をかけずに自分でコツコツとクライアントさんを集客する方法です。

巷では、ＨＰやＳＮＳに力を入れる。まず、ＳＮＳのフォロワーの数が大事、クライアントさんを誘導する動線ができていない、いや、ミッションがないから、動画発信が大切など多くの情報が溢れています。

これらはもちろん大事ですが、初心者カウンセラーはテクニックだけを整えても役立たせることはできません。

例えば、カウンセラーとして認知してもらうのにテクニックや数字だけ追い求めている途中に、心を疲弊させてしまうケースも多々あります。

また、このような集客ノウハウに多くのお金と時間を使っても結果が出なくてカウンセラーを諦める人を多く見てきたのでお伝えします。

毎月いくらを稼げると言うキャッチコピーは、聞くととても魅力的で惹きつけられますが、それを現実化するには、その前に言われた課題をこなす努力や結果がすぐ出なくても継続する忍耐力などが大切です。

今日は仕事が忙しかった、家族がこんなことがあったからできなかったとつい理由はたくさん言いたくなると思います。

気持ちはわかりますが、それではいい結果は残せません。一時的に集中して結果を出すことにフォーカスしなければなりません。

その努力をした人が短期間で結果を残せます。だからこそ、魅力的な言葉だけに惑わされないで日々、楽しみながら努力をしましょう。諦めない、積極的に学ぶことがカウンセラーとして長期的に大きく仕事をしていくのに大切です。

まず、最初の段階はテクニックは本から学ぶのもいいでしょう。

また、やろうと思うのにできない場合は、潜在意識で抵抗が起きていてやろうと思っていないケースも多いので、行動できないときには必ず、潜在意識と顕在意識を一致させるエッセンス、または潜在意識に効果をもたらすようなエッセンスを飲んでください。

潜在意識と言えばフラワー（花）でなくキノコのエッセンスです。キノコのエッセンスもぜひ試してみてください。潜在意識に思っていることこそが正直に行動に現れます。

また、カウンセラーになりたいのに行動できない場合、自信がない、他人と比べる、過去世の影響が出ることも多いです。

♡モニターさん募集

クライアントさんをただ待つだけでなく、気軽に周りの人やSNSでモニターさんを募集するのもいいでしょう。

モニターさんは安い価格でフラワーエッセンスのカウンセリングが受けられますよというようなものです。

双方にメリットがあります。カウンセラーはカウンセリングの練習ができて、クライアントさんから飲み終わった後の変化の感想をいただける。また、気に入ってくだされば次回のカウンセリングも予約をしていただける可能性もあります。クライアントさんは安い金額でカウンセリングが試せます。

モニターさんを募集するときはカウンセリングを今回に限ってお安く受けられます。通常価格は30分〇〇〇〇円ですが、今回だけのモニター価格は30分〇〇〇〇円です。その代わりにフラワーエッセンスを飲み終わったら感想をいただくのがお約束してほしいことです。ご希望の方はメッセージください。

そして、そのときに名前などを伏せて、いただいた感想をSNSにアップする許可をいただいておきます。

カウンセラーの第1歩としてはハードルも高くなくおすすめです。

このときの注意点は、モニターさんの中にはフラワーエッセンスの効果を感じなかったというお声もあるかもしれませんが、自分のカウンセリングが原因だと思わないことです。クライアントさんの中には感じるのに時間がかかる人や、抵抗が入ってわからない人もいるからです。

友人がモニターをする場合は、友人が飲んでも何も感じなかった言われたときのほうがショックとなりカウンセリングをやめてしまう人が多いと感じます。

2　カウンセリング能力を磨くと集客に困らない

初心者カウンセラーはお金をかけた集客に力を入れるより、能力があれば一度来たクライアントさんがリピーターになる確率は高いです。

例えば、テクニックを学んで集客できても、その後リピーターにならないなら、まず、ＳＮＳのフォロワー数でもなくテクニックでなく、明らかにスピリチュアルの能力やカウンセリング能力を高めることのほうが先なのです。

ＳＮＳのフォロワー数が少なくても継続して定期的に来てくれる人がいることが、あなたの能力をクライアントさんに認めてもらったことです。

そして、そのような関係性を築ければ、その人は自分の周りの人を紹介してくれるようになります。

つまり、1人のクライアントさんから最低5人くらいは繋がります。

クライアントさんは信頼してくれると家族、ペット、友人を紹介してくれます。そうやって1人からどんどん増えていくのです。

私の例ですがご紹介します。

1人のクライアントさんの出会いから始まり、妹を紹介くださり、両親、クライアントさんのご家族全員、妹のご家族全員、姉妹のペットまでとカウンセリングが繋がりました。

1人のクライアントさんからペットを含め10人を定期的に継続してカウンセリングをしています。

また、あるクライアントさんは1人のクライアントさんから家族全員、恋人に広がり、姉家族、ペットを紹介くださり12人をカウンセリングしています。

そして、彼女の友人にもどんどん口コミをしてくれ広がっていきました。

しかし、このようなことは特別でなく、多くのクライアントさんともこのような関係性です。

あなたがまず長期的にカウンセラーとして集客に頭を悩ませないためには、ＳＮＳの見せ方などのテクニックより、まず、その分野でのカウンセリング能力を磨くことに尽きます。特に女性はカウンセリングでインパクトを受けると自分の周りに口コミを積極的にしてくださる方も多いからです。

ぜひ、１人ひとりに、心を開き向き合っていくことを大切にしてください。

♡1対1のカウンセリングから1対多数のカウンセリングに

カウンセラーとして自立できてくると忙しくなり自分の時間が少なくなります。

そうなったら次は、１人ひとりしていたカウンセリングをグループでカウンセリングする方法を取り入れるのもいいでしょう。

その頃には自分自身も経験値もありますし、クライアントさんが何人いても対応できる実力はついていると思います。

グループでのカウンセリングは他人の悩みが自分に役立つし、自分だけがこんなに大変だったわけでなかったと気づきになりますし、グループの人とも仲良くなれます。

個人とグループでのカウンセリングは、どちらのカウンセリングもよい部分、そうでない部分があります。

ただ、忙しくなり時間が取れなくなってきたときには1対1ではなく、こんなスタイルにしていくことも長期的視点では必要です。

カウンセラーは自分自身がリフレッシュし充電する時間を大切にしてこそ、他人に役立つことができるからです。

♡カウンセリングサロンはどうする

カウンセリングをするのにサロンは店舗を借りる、自宅サロン、時間でレンタルルームを借りるなどがあります。最初は自宅からオンラインカウンセリングからスタートがおすすめです。Wi-Fiが繋がった環境、もしくは携帯電話1つあれば、全国、世界中の人がクライアントさんになります。店舗を借りる固定費を気にしないでいいのは、経済的にも負担なく始められるでしょう。もし、自宅にカウンセリングルームを確保できるなら、リアルでクライアントさん対応してもいいでしょう。また、カフェでカウンセリングをする人もいます。

時間でレンタルルームを借りる場合はクライアントさんが当日キャンセルした場合、キャンセル代金がカウンセラーにかかってきます。それらを考慮してキャンセルポリシーをつくってクライアントさんに事前に伝えておきましょう。

3　フラワーエッセンスカウンセラーになるのに何から始めるといいの

私の考えではまず、初心者は何か1つブログでもSNSでも動画発信でも自分が得意なことから始めてください。

だんだん慣れてきたら、次は多くのSNSの機能に1つのSNSから連動して他のSNSと合わせて同じ内容を同時発信することもできます。

同時発信してもブログを見る人、インスタを見る人では見にくるターゲット層が違うことが多いので最初はあまり気にしなくて同時発信してもいいでしょう。この方法は個人レベルで自分らしく仕事をしていきたい人向けです。

そして、この記事を書くことや発信するまでを専門家に任せている人もいます。自分の記事を書いてくれる人を雇って自分の時間をつくる、また不得意なところを、お金を支払って専門家に任せる方法です。

これも、まず、自分がある程度文章が書けた上で、忙しくなって手が回らなくなってきた。働き方の方向性が自分がいなくてもまわるような会社組織をつくっていきたいならそのような選択をするのがいいでしょう。チームで仕事をする場合はこのように得意なことを分担しながら仕事をする方法もあります。

そして、今は人でなくキーワードを入れたらＡＩが秒で文章を書いてくれます。ただ、出てきた文章を手直しするのに文章を書く基本がなければ直せません。また、もっと大切なことは、文章はエネルギーが入るということです。そしてそれを読んだ人がそのエネルギーを受け取ります。

自分が強く思ったことを書くときにエネルギーが入ります。

きちんとした文章はＡＩでも、プロに任せてもつくれるようになりますが、そこにエネルギーが込められるのは書くときに強く思った想いだけです。

その想いを誰もがなんとなく気づき、それが入っているものが長期的には選ばれるものになると思います。例えば、フラワーエッセンスと検索したら出てくる良質の記事が溢れているので、このような情報よりも、あなた自身がフラワーエッセンスを飲んで、超えてきたプロセスや経験したことが、みんなが聞きたいことになるでしょう。記事も他人と差別化するには自分が経験したこと、感じたことを伝えていくことです。

また、フラワーエッセンスカウンセラーであるにはフラワーエッセンスを日常でどんどん使って体験してください。私は自分自身やクライアントさんからのカウンセリング後の報告の声にいまだに、フラワーエッセンスの持つ神秘に感動し、魅了されています。

カウンセラーは自分自身が癒されて世界や物事を見ていけなければ本当の意味では他人を助けられません。まず、自分を助けるのも基本的な考えとして持っていてください。

♡地域イベントにリアル参加

集客には色々ありますが、初心者のカウンセラーさんは地域のスピリチュアルイベントなどに参加してみてください。

スピリチュアル、癒し、イベント、出店者募集、地域を検索すれば、いくつかのイベントがヒットすると思います。

それらの出店料はおおよその相場が決まっています。いくつか見ればどれが安い、高いもわかると思います。

出店料が高いほど、その開催イベント自体がターゲットのお客様を集客できる力もあります。私自身は１日１５０００円~からのイベントによく出ていました。

これくらいの金額だと何千人規模でお客様がいらして、出展者も何百人もいて会場が活気に溢れています。

ただ、規模が大きくなれば同じようなフラワーエッセンスカウンセリングをしているライバルも多くなります。

そこで、最初の出店はこれらを最低でもチェックしておくといいでしょう。

①　カウンセリングに使うフラワーエッセンスのブランドが他の出店者とバッティングしていないか

②　他の出店者は価格は何分をいくらでつけているか

事前に他の出店者リストを確かめて、自分が持っていくフラワーエッセンスのブランドや価格をつけるといいでしょう。

余裕があれば、出店したいイベントに1度会場にお客様として足を運んで、お客様視点でフラワーエッセンスを使ってカウンセリングしている人のブースをみるのもいいでしょう。そのときにはこれらをチェックしてみてください。

○各カウンセラーのブースのつくり方

○どのようなチラシをつくっているか、渡しているか

○どのようにお客様に声がけしているか、選ばれてるのはなぜか

○そのイベント全体の平均カウンセリング時間や価格
○どのブースが込んでいるか。その理由は
などを見てきましょう。

また、できたら実際に出店している人のフラワーエッセンスのカウンセリングを受けてみると、自分はどのようにしていくとよいかのイメージも固まると思います。

そして、いよいよ出店するときは、最初は友人と出る選択もイベントの雰囲気を知る程度ならいいと思います。しかし、その後は1人で出店することは大切です。カウンセラーとしての自立していくことは大前提です。

また、お客様があなたを気に入っても、一緒に出店している人がタイプでないため、カウンセリングを受けてくれないクライアントさんもいると思うからです。スピリチュアルな会場に足を運ぶ人たちはエネルギーに敏感ですので、このあたりも注意すべき点です。そして、もっと小規模で行われるイベントもあります。小規模開催はマルシェと呼ばれることが多いです。

小規模だからよくないわけではありませんが、カウンセリング単価が安くしかつけられないことが多いです。ただ、慣れることを目的にしたり、リラックスして出店したい場合はおすすめです。

そして、同じようなスピリチュアル、カウンセラー仲間からもイベント情報は聞けると思うので、周りの仲間たちにイベントがあったら声をかけてと伝えておくのも大切です。多くの方をカウンセリングする経験は全部事例となります。最初の頃はイベント出店でカウンセリングの経験を積むことも大切です。

最初にリアルでクライアントさんに会ってカウンセリングができれば、その後オンラインカウンセリングがあることをお伝えしてもクライアントさん側からしたら、知ってるカウンセラーさんとなれば敷居が低く感じてもらえます。

そして、出店を続けているとだんだんイベントに来てくれる固定のクライアントさんもできます。

そうするとイベントに出店したらおおよそこれくらいは収入があると予想できるまでになるので楽しみながら継続してみてください。

また、私はその中から自宅サロンに来てくださる方が出てきました。

イベント出店では、次もあなたにカウンセリングしてもらいたいなら、あなたにどうやって連絡できるかをクライアントさんに伝えておくことが大切です。

4　カウンセリングの価格の決め方

まず、地域、フラワーエッセンス、カウンセリングなどのキーワードを入れるといくつかのサイトがヒットするでしょう。

最初にヒットするサロンなどはＳＮＳの検索でヒットするようにお金をかけて対策しているか、お客様に人気があり検索されているからです。

それらを順番に見ていくとフラワーエッセンスカウンセリングリングの60分がおおよそいくらか平均価格かわかるでしょう。

また、オンラインカウンセリングも主流になってきたのであなたがリアルカウンセリングをしない場合は自分の住む地域の価格は気にしなくてもいいでしょう。

価格のつけ方は、そのカウンセラーが本を出版している、何年のカウンセリング歴、何人やっているかで変わってきます。

本を出しているカウンセラー、講座を開催しているカウンセラー、10年以上何千人やっているカウンセラーと3年目のカウンセラーと、初心者カウンセラーでは価格は違ってきます。

初心者カウンセラーがいきなり高額な金額をつけても、内容が伴わないとお客様からクレームが入ったりします。クライアントさんも色んなカウンセラーさんをまわっていることが多いから金額と内容にはシビアです。

あるカウンセラーさんがフラワーエッセンスの学びはしていましたがあまり、カウンセラーとしてカウンセリング経験はありませんでした。

フラワーエッセンスやスピリチュアルな知識はあるので高めのカウンセリング代金を設定していましたが、カウンセリング後に金額とカウンセリングの能力があっていないと言われてから、カウンセリングをするのが怖くなって辞めてしまいました。このようなときは早めにフラワーエッセンスを飲んで癒しをして適正価格を見直してください。また、反対にワンコインカウンセリングなども価格が安くクライアントさんにはありがたいのですが、安いので当日のキャンセルも多いと聞きます。つまり、カウンセリングをするのにも適正化価格をつけることは大切です。

ワンコインカウンセリングでは自信があるベテランカウンセラーとは思ってはもらえませんし、クライアントさんも真剣度や問題にコミットする気も薄いでしょう。価格によって引き寄せるクライアントさんも変わってきます。

♡価格アップするとき

カウンセラーが経験と学びを進めていけばカウンセリングの金額を引き上げることも大切です。カウンセラーがさらに学びを続けるためにも価格引き上げは大切です。学びは自分のためでもありますし、クライアントさんのためにもなります。クライアントさん自身もフラワーエッセンスを飲み続けることで成長していくからです。カウンセラーさんの方はクライアントさんを導いてあげるのに自分がそれに対応できる能力と経験が必要となってきます。

♡カウンセリング対象者が誰かで価格は変わる

誰を助けたいかで価格も多少考慮が必要です。仕事をしていない子育て中ママと女性起業家としてキャリア10年以上の人では、一般的考えになりますが、自由に使える金額は大きく変わってくるでしょう。

♡ターゲットを決める

自分がクライアントさんにしたいターゲットを誰にしたいかが決まれば、次はそのような人が響くキーワード、持っている悩みに対して記事や写真を選び文章や動画を発信していくといいでしょう。

このターゲットがブレないで決まっていると、必要な人に必要なメッセージを届けられます。

子育てママが悩んでいることは何だろうと周りの子育て中の人にインタビューしてもいいですし、検索してもある程度悩みは絞られます。その人が元気に、前向きな気持ちになる、共感していただけるように文章も写真も選んでいくのが基本です。子育てママがターゲットなら、自分がその経験をしていれば、カウンセリングしていても共感もよりしてあげられるでしょう。

自分が誰に求められるかでターゲットを決めるのもいいでしょう。求められるのが子育てママでなく、恋愛相談が多いなら、そちらにシフトして様子をみてください。

ターゲットは1度決めても反応がなければすぐ新しいものを試してください。そして、あなたが多くのクライアントさん求められることはあなたの魅力、才能の1つです。

5　あなたの周りにいる人のすべてが仕事につながる

見込み客のクライアントさんはSNSの集客で集めた方だけではありません。

あなたが通っているカフェの店員さん、コミュニティーの仲間、学生時代の友人と全ての人があなたの見込み客なのです。

あなたという人柄は常に見られています。あなたがフラワーエッセンスのカウンセラーをしていると聞いたら興味を持ってくれたら、必要なタイミングでカウンセリングを依頼されることもあります。

私も飲み会の席で「次回正式に予約を入れますからカウンセリングしてください」と言われることが多いです。

つまり、どこでもカウンセラーとして癒されていて、あなたらしくいることで、お金をかけなくても他人はそれを察知しお声がかかります。

また、飲み会で会ってあなたの人柄をすでに知っていたら、さらにSNSなどで繋がっておけば、あなたの発信に共感することが多ければ、あちらのタイミングでお声をかけていただけます。

ぜひ、カウンセラーとして集客に困らない人の必修条件の1つとして覚えておいてください。

カウンセリングの価格が安いことでもなく、SNS対策をしている人でもなく、人として信頼できるかも大切な要素です。

だからといって、他人に媚びる必要もなく、あなたらしくいるだけでお声がかかるこれが理想です。だからこそ自身を磨いていくことも心がけてください。

私自身もこれは人生のテーマとしてもまだまだ磨き中です。

♡クラウドソーシングサービス

自分の得意なスキルを紹介して、それを必要な人が購入する専門のサイトがあります。スキル、販売などのキーワードを入れてサイトを探してみてください。そこに登録をしてカウンセラー、講師としてのスキルを販売できます。また、こんなデザイン作業して欲しいと思ったら、そのような専門性を持った方も探せます。チームを組まなくても最初はこのように仕事をすることもできます。

6 テクニックを学ぶ

テクニックを学ぶのは後でもいいと思います。まず、カウンセラーなら能力が一番大切です。また、資金力がある人はスピリチュアルやフラワーエッセンスの学び以外に、起業するための色々なテクニックを学ぶ起業塾がたくさんあります。

例えば、動画を学びたいなら動画に特化した起業塾です。

多くの起業塾の主催者は基本的にはグループで仕事をしています。そのため専門性を持ったプロ集団の集まりです。

まず、基本的な方法は高額な広告費を投入しSNS広告を仕掛けます。そして、ターゲット層に向けて広告を打ちます。

その広告を見た見込み客は説明会、体験会にやってきます。

説明会、体験会は気軽に来やすい割安な価格でやっています。

そして、体験会の最後にこれを本格的に学ぶための講座の案内があります。説明会、体験会の特別価格が提示されます。クロージングです。

購入は早いと先着特典もあります。

真剣に短期間で本格的に学びたい人には嬉しいですが、あまり真剣に考えず気軽に体験会に来た人は起業塾の金額にも驚くでしょう。

また、セールスされていると圧迫感を感じる人もいるでしょう。

そのような点からもまず、起業塾を受けるならこのステップを踏んでください。

一般的には起業塾は動画をつくっています。見込み客に内容をしっかり理解して、興味を持っていただくのに動画も力を入れてつくっています。

だからこそ、動画をしっかり見て、この先生から学べるものが何なのか？　考え方や雰囲気を先に見ておくことで、無駄に時間とお金を使わないでいいでしょう。

そして、起業塾の多くは高額だと最初に覚えておくといいでしょう。

しかし、高額だから悪徳ということではありません。

利点もたくさんあります。その金額を支払って入ってくる方が多く集まるので、自分と考え方も似ている、収入も同じような方々が集まります。

つまり、同じようなことに興味を持って頑張りたい人がたくさんいます。

長期的に続く友人や、レベルが同じくらいなので成長し合うことでビジネスを一緒にやれるような人にも出会えます。

学ぶにも色々な起業塾があります。よく吟味してください。そして、入ることを決めたら、結果が出ないことを他責にしないで、その講座で結果を出すことを意識してみてください。

すると、講座の主催者から、次の講座に関わる話や、チャンスもタイミングによりますが、あるかも知れません。

このような道は一番早くビジネスを学べるし、講座運営も新たに次の起業塾に行かなかくても学べます。

何より、先生の人としてのあり方、考え方が自然に自分にも身につきます。そのような先生やチームメンバーの影響はお金では買えません。

チームで働くことは、それぞれの好みや個性や段階によりますが、近くにいることでプロの働き方も学べます。

ただ、最初は仕事の速度、考え方もプロ集団なので慣れるまでは心身辛いと感じることもあると思いますが興味があればチャレンジすると成長が加速します。

どこに属していても、精一杯のチャレンジを楽しみながらしてください。決して、深刻にならないで、起業塾に入ったらあなたが辛い想いをさせられているのではありません。自分が決断して入ったことを忘れずに、自責で考えることもカウンセラーとして活動していくのに大切です。

そして、１つの起業塾に入ったから、すぐビジネスが長期的にうまくいくことは少ないでしょう。うまくいく人は、それまでの蓄積されたものがあることが多いです。だからこそ、資金的にも精神的にも無理なくチャレンジしてください。

ただ、講座に入ったけどコミットしなければ高額な講座になってしまいます。また、起業塾でのステップアップは理想的ですが、渡り歩くような姿勢でいないことも大切です。また、他人と比べたりしないで楽しんで学んでください。それができないときこそフラワーエッセンスを飲んでください。

７　起業のスタートの仕方も色々

フラワーエッセンスカウンセラーになりたいと決めたら今やっている仕事を続けながらカウンセラーにもなれます（副業が可能か会社の就業規則に従ってください）。

経済的な心配なくカウンセラーとして働く、週末カウンセラーやイベントに毎月1回〜出てカウンセラーとして働く方法があります。

そして、オンラインカウンセリングは初心者カウンセラーには安全なスタートだと思います。

経済的不安でカウンセラー自身の心が整わないようでは、よいカウンセリングもできません。

この方法は経済的な心配をしないでカウンセラーとしての実力と経験、クライアントさんを増やしていけることがよい点です。

クライアントさんが固定化したところ、そして、今、働いているところと同じくらいに収入になってから、仕事を辞めて本格的にカウンセラーとして起業する方法もあります。

また、経済的に余裕がある場合は仕事をやめることで自由になる時間をたくさん使えるので、この時間を有効に使ってビジネスを加速させる土台をつくることができます。

自分に合った方法で無理なくスタートさせてください。

♡フラワーエッセンスカウンセラーからのさらなる発展

フラワーエッセンスカウンセラーをやっていると、クライアントさんからフラワーエッセンスを学びたい。教えてくださいと声がかかるかもしれません。

私自身もそのように言われて講座をスタートさせました。

まず、時間は2時間ほどのフラワーエッセンスの体験ミニセミナーから始めてもいいでしょう。

そして、講義をすることにも慣れてきたら、本格的にフラワーエッセンスの1日コース、半年コースなどをつくって開催していくのがおすすめです。

小さな講義ならお話しするように生徒さんに教えていけばいいですが、人数が増えてくると講座を開催して話すにもテクニックを知ることで生徒さんを巻き込むことができます。

それによって多くの人に満足感を与えることができます。

講演、講義をするときによいエッセンスなどもありますので飲みながら講演、講義をするのもいいでしょう。

講演、講義するのに緊張するのか、集中できないのか、会話の中にインスピレーションが欲しいのかなどテーマに合わせて選びましょう。

♡1人のステージからチームでの仕事のステージ

講座も規模が大きくなると1人ですべてを運営するには大変です。

チームを組んであなたが講義だけに集中できる環境をつくることもできます。大きな講座などでは講義を撮影をして、その動画をまた見られるようにするなどコンテンツとして残しておくと生徒さんも後から復習できるし、満足度も高くなります。そして、集まったコンテンツは自分自身の財産となります。ただ、チームを組むことで自分の個性を抑えてしまう人には、チームでの仕事は向きません。

♡必要なカウンセラーにつなぐ

カウンセラーはカウンセリングをしていて、実力以前にクライアントさんの潜在意識の抵抗でカウンセラーが頑張っても、うまくいかないこともあります。

変化に対して潜在意識が抵抗していることにクライアントさんは自分の顕在意識では気づけません。そのようなとき、潜在意識のエッセンスを調合しても、気分や調子が悪くなるから飲まないと言われることも多いです。

そんなときは、私は自分の師匠（男性）にクライアントさんを紹介します。

人を変えることで、同じことを言っていても、言う角度や切り込み方が変わり、クライアントさんによりよい影響があります。

また、男性のカウンセラーであることもときには、女性の視点からだけでなく大切だと思います。

特に男性のクライアントさんには男性のカウンセラーを定期的にすすめています。

女性視点からだけでは見られない部分をカバーしてもらうためです。

フラワーエッセンスのカウンセラーは女性が多いですが、男性も参入して欲しいと思います。

フラワーエッセンスを取り入れると結果も早く出て差別化できますし、まだまだライバルが少ない分野だからです。

ぜひ、フラワーエッセンスカウンセリングを楽しんでください。そして、あなたの愛と能力を必要としている、すべての存在のために役立ててください。

【参考・フラワーエッセンス】

●アラスカンエッセンス（アラスカン）
●アンジエリックエッセンス（アンジエリック）
●インディゴエッセンス（インディゴ）
●オーストラリアンブッシュフラワーエッセンス（ブッシュ）
●コルテ PHI エッセンス（コルテ）
●スピリットインネイティャー（スピリット）
●パシフィックエッセンス（パシフィック）
●バッチフラワーレメディ（バッチ）
●ヒマラヤンフラワーエンハンサーズ（ヒマラヤン）
●リヒトウェーゼン（リヒト）

1章フラワーエッセンスのカウンセラーになる前に

3【カウンセリングの心構え】

■学習に→（ブッシュ）コグニス
■物事の本質を見る→（パシフィック）ブルールパン
■真実を見極める、セッションでの正確さ→（アンジエリック）トゥルース
■インディゴチルドレンに→（リヒト）インディゴ
■クライアントの話すことをほんとに聴くことをサポート→(パシフィック）オニキス

5【カウンセリングルームを整える】

■部屋の浄化に→（リヒト）ルームクリーン
■人の浄化に→（リヒト）オーラクリーン

10【感情的なクライアントさんへの対応】

■感情的になっている→（コルテ）RQ7 または RQ5
→（バッチ）レスキューレメディ
■怒り→（パシフィック）マスル
■優先順位に気づく→
■女性性のバランスをエネルギーレベルで整える→（ブッシュ）ウーマン

11【カウンセリングの代金の引き上げ】

■値上げの決断時に→（アラスカン）ゴークリエイト

■豊かさのワーク→（パシフィック）アバンダンスプログラム

■生まれる前に決めたことを解除する→（アンジエリック）クリアリングコントラクツ

■家系の影響→（アンジエリック）DNA クリアリング

■父親との問題→（アンジエリック）ヒーリングザファーザー

■豊かさ→（リヒト）アバンダンスクリスタルペンダントまたは豊富エッセンス

●第２章カウンセリングを始める前に

１【カウンセリングをする時に】

■コントロールする→（バッチ）チコリー

■共感する→（パシフィック）ツインフラワー

■ヒーラーがクライアントからの否定的な影響を受けないように→（パシフィック）オニキス

２【カウンセリングは現在を見るだけではなく全体を見る】

■葛藤に→（ブッシュ）ファイブコーナーズ

■ダイエット→（パシフィック）チックウィード

■嫉妬から身を守る→（ブッシュ）メディテーション

■外見の自信→（パシフィック）バニラリーフ

■魅了する（女性性アップ）→（ヒマラヤン）天川村

■諦めない→（コルテ）K9 またはエキウム

■トラウマ→（ブッシュ）フリンジドヴァイオレット

■母親との問題→（リヒト）シルバーまたはマリア

■過去世の傷、癒し→（パシフィック）ペリドット

■過去世の問題に気づく→（ヒマラヤン）シッカバーネット

■落ち着く→（バッチ）レスキューレメディ

３【クライアントさんとの距離感】

■境界線→（コルテ）ブルーベリーカクタス

■人生を信頼する→（アラスカン）ヤコブズラダー
■うっかりミスが続く→（ブッシュ）ブッシュフューシャ

7【モチベーションを保つ大切さ】
■自身の癒し→（アンジエリック）ヒーリングハートオブザソール
■共依存→（ブッシュ）モンガワラタ
■動きすぎる→（ブッシュ）ブラックアイドスーザン
■休息の大切さ→（パシフィック）コーツベアード

8【フラワーエッセンスカウンセラーとしてのブラッシュアップ】
■大災害後→（ブッシュ）ワラタ
■人や場所の浄化→（アラスカン）ピュリフィケーション
■周りの影響を受けない→（コルテ）レッドクローバー

9【クライアントさん側からのコントロール（操作）】
■カウンセラーとしてのバウンダリー→クリエイティングヘルシーバウンダリー
■違う視点から見る→（パシフィック）オックスアイデイジー
■他人の問題に巻き込まれない→（コルテ）ピンクヤロー

第3章カウンセラーとして心の準備

1【カウンセラーとしての強みは】
■望みを叶える力→（コルテ）エレスチャルクォーツ
■自分の夢を信じる→（インディゴ）カルサイト
■右脳、左脳のバランスに→（ブッシュ）ブッシュフューシャ

3【クライアントさんからの拒絶】
■感情的になる→（コルテ）ストレスエナジーバランサー
■拒絶されたと感じる→（ブッシュ）イラワラフレームツリー
■自分の限界に気づきNOといえる→（ブッシュ）オールドマンバンクシア
■休むことの大切さに気づく→（ブッシュ）マクロカーパ

4【どこに問題があるかを見極める力】

■頭の調整→（ブッシュ）コグニス

■父親が忙しかった、父親と未解決の問題がある→（ブッシュ）レッドヘルメットオーキッド

■話が長い→（バッチ）ヘザー

■場の浄化→（コルテ）デルフのスプレー

■異なったタイプのコミュニケーション→（パシフィック）ウォールフラワー

■ドラマティックな感情→（パシフィック）ヒプシセワ

5【カウンセラーから見てクライアントさんの変化を感じられない】

■コーザル体に→（ブッシュ）ピンクムラムラ

■オーラクレンジング→（ヒマラヤン）オーラクリーニング

■オーラの穴の修正→（ブッシュ）スレンダーライスフラワー

■プロテクション→（ヒマラヤン）プロテクション

■精神、感情の毒による頭痛→（パシフィック）プランタン

■ヒーラーに聴覚、筋反射の知覚能力を研ぎ澄ます。テレパシー、透視、透聴能力、波動と音によるコミュニケーション能力記憶された情報にコンタクトするリーディング能力（パシフィック）ホエール

■原因のわからない心配→（バッチ）アスペン

■神経質→（ヒマラヤン）モーニング、グローリー

■原因のわかる心配→（バッチ）ミムラス

6【カウンセラーによって選ばれるフラワーエッセンスは違う】

■大いなる自己、ハイヤーセルフにつながる→（アラスカン）ホーステイル

8【カタルシス（浄化）への対応】

■抑えていた感情を言葉にする→（コルテ）ブルートルマリン

■緊迫したヒーリングプロセスに→（アラスカン）ファイヤーウィドコンボ

■境界線、アストラル体の保護と浄化→（コルテ）オーラクレンジングカクタス

■自殺予防に→（ブッシュ）ワラタ

第４章カウンセラーへのアドバイス

１【クライアントさんは本気か】

■繰り返す病気→（ブッシュ）スピニフェックス

■エネルギーレベルでの電磁波対策。１日中パソコンの前にいる。→（コルテ）ラディエーションカクタス

２【クライアントさんとの距離の取り方】

■他人の痛みを感じすぎる→（インディゴ）スムージー

■心の痛みに→（コルテ）クイーンオブデンマーク

３【カウンセラーとしての自衛方法】

■電磁波、レントゲン後に→（コルテ）T1 とイルカのトリートメントセット

５【カウンセラー自身が体験する】

■霊的な成長→（パシフィック）トパーズ

■楽しい気分に→（リヒト）チャミュエル

６【カウンセラー自身の不安】

■恐れ→（ブッシュ）ドックローズ

第５章カウンセリングするとき

１【エッセンスを使いカウンセリング前後のセルフケアー】

■場の結界→（アラスカン）ブラックトルマリン４本を部屋の四隅に置く

■オンラインでのクライアントさんのエネルギーの影響を受けない→（リヒト）ハーモニーバランサークリスタルをカウンセリング中に身につける

２【サイキックアタックから身を守る】

■サイキックアタック→（ブッシュ）エンジェルソードとフリンジドバイオレットを同時に使う

→（パシフィック）アーチン

3【スポンジ体質】

■電磁波からエネルギーレベルで守る→（インディゴ）バブル

4【クライアントさんとの距離の取り方】

■母親との問題→(アンジェリック)ヒーリング ザ マザー

■母親が子供の光を奪う→（アラスカン）ソーラーエクリプス

■クリーニング→(アンジェリック)ピュリフィケーション

■プロテクション→(アンジェリック)プロテクション

5【エネルギーに敏感でいるために】

■エネルギーに敏感でオーラを守る→（アラスカン）ホワイトヴァイオレット

6【変化に抵抗しない】

■流れに身を任せる→（バッチ）オーク

■抵抗を止める→（パシフィック）ワーベライト

第6章色々なカウンセリング内容

1【中毒・嗜好品を断つ】

■中毒や依存→（アンジエリック）シャーマニックエクストラクション

■中毒アルコール、タバコなど→（パシフィック）フォーシシア

■アルコール依存→（パシフィック）ジェイド

■甘いお菓子中毒→（コルテ）オロバンケ

■細菌に関わる健康バランス→（アンジエリック）マイクロビアルヘルス＆バランス

■食べることの問題→（パシフィック）シーパーム

■脅迫行動から抜け出す→（ヒマラヤン）オピュームポピー

■罪悪感→（アンジエリック）ギルトビーゴーン

■バウンダリー（境界線）→（アラスカン）ホワイトヴァイオレット

■ハートを癒す→（コルテ）クイーンオブデンマーク

■自分自身を愛する→（コルテ）ティベタンロックローズ

■愛の波動→（アンジエリック）ラブ

2【悪夢、睡眠障害】
■否定的な考えが頭の中でぐるぐるまわっている→（パシフィック）プランラン
■腎臓をエネルギーレベルでサポート→（コルテ）スポンジ
■松果体をエネルギーレベルでサポート→（アンジエリック）パイニールアクティベーション
■寝つきが悪い、眠りが浅い→（アンジエリック）スイートスリープ

3【ピル（経口避妊薬）の服用について】
■月経不順をエネルギーレベルで→（アンジエリック）ライトオブムーン
■ピルを長期間飲んでいる人をエネルギーレベルでサポート→（ブッシュ）イエローカウスリップオーキッド
■視床下部をエネルギーレベルでサポート→（ブッシュ）ブッシュフューシャ
■下垂体をエネルギーレベルでサポート→（ブッシュ）イエローカウスリップオーキッド

4【虐待】
■虐待→（パシフィック）ジェイド
■暴力を受けているのに離れない→（ブッシュ）モンガワラタ
■未来を明るく見る→（ブッシュ）サインシャインワトル
■虐待されたペットに→（スピリット）オレンジ
■他人にダメージを与える側→（インディゴ）ザワークス

5【集団意識からの影響】
■集団意識からの影響を受ける→（コルテ）レッドクローバー

6【買い物依存症】
■自尊心が低い→（ブッシュ）ファイブコーナーズ
引き継ぐ家系の問題→（ブッシュ）ボアブ

7【依存症（アディクション）】
第６章色々なカウンセリング内容
１【中毒・嗜好品を断つ】を参照

8【被害妄想】

■被害妄想→（バッチ）ウィロウ

■疎外感→（ブッシュ）トールイエロートップ

■苦手な人がいる→（ブッシュ）ボウヒニア

■別れの心の痛み→（ブッシュ）レッドスヴァフランジパニ

■鬱や落ち込む→（アンジエリック）アップリフトメント

■季節性の抑うつ感に→（パシフィック）ペリウインクル

■内に閉じこもる→（パシフィック）サファイア

■身体の疲れに→（コルテ）K9

9【共依存】

■エーテル体を綺麗に→（アラスカン）スイートグラス

■誰かに頼り切る、他人への執着→（コルテ）カツオノエボシ

■依存→（コルテ）モーニンググローリー

10【アレルギー】

■アレルギーをエネルギーレベルでサポート→（ブッシュ）フリンジドヴァイオレットとダガハキア

■深いところの感情表現→（コルテ）カエル

■攻撃性→（バッチ）ホリー

■他人を受け入れられない→（ブッシュ）ボウヒニア

■皮膚のトラブルをエネルギーレベルでサポート→（パシフィック）バニラリーフ→（コルテ）ソフトコーラル

第７章カウンセラーとして大切なこと

1【許せない人・苦手な人がいるクライアントさんに】

■エネルギーコードを切る→（ブッシュ）エンジェルソード

2【そのままを感じていい】

■許し→（ブッシュ）ダガハキア

4【豊かさを手にする】

■褒め言葉を受け取る→（ブッシュ）フィロセカ

5【自分のフラワーエッセンスをつくる】

■個々の神性に繋がる→（アンジエリック）ストレスニングアワコネクショントゥザディバイン

■すべてのものとの絆、一体感→（アンジエリック）インラケッシュ

参考として【カウンセラーの能力を高める】

■ものを見る力を研ぎ澄ます→（アラスカン）アルダー

■見る、聞く、感じることを研ぎ澄ます→（コルテ）ペッパー

■チャネリングに→（ヒマラヤン）カイロンまたはアストラルオーキッド→（パシフィック）バイバーナム

■ヒーラーのチャンネルをよくする、クライアントさんとの関係性を本能的に築く→（ヒマラヤン）ヒーリング

■言葉を使わないテレパシーのときに→（パシフィック）サファイア

■高次のスピリュチャルな癒しのエネルギーを受け取り、他者に伝達。ヒーラーに→（パシフィック）レッドハックルベリー

参考文献　☆大自然からの贈り物　ネイチャーワールド

【YouTube】　【メルマガ】　【ブログ】

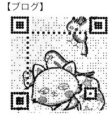

著者略歴

河津　美希（かわず　みき）

サイキックフラワーエッセンスカウンセラー、ミディアム、ヒーラー、アニマルコミュニケーター。
Baby Blue Eyes 代表。
日本人初のコルテ PHI エッセンス公認ティーチャー。
前職は Christian Dior 銀座店。
2000 年にフラワーエッセンスに出会い、海外の著名な大家達よりフラワーエッセンス、代替医療、自然療法、スピリチュアル、キネシオロジーの研鑽を積む。
さらに幼少時より備わっていたサイキック能力を英国の著名なサイキッカー、マーティン・ジョーンズ氏の指導の元さらに磨きをかけ、氏より世界的レベルと絶賛されるまでになる。
現在フラワーエッセンスカウンセラー育成スクールや、スピリチュアルリーダー養成講座のワークショップ、セミナー活動を通じて、フラワーエッセンスの普及及び真のスピリチュアルを日本に広める活動を展開している。

○ Instagram　　○ facebook

「フラワーエッセンス」で夢を叶えるスピリチュアル起業

2023年 2 月28日　初版発行

著　者　河津　美希　© Miki Kawazu

発行人　森　　忠順

発行所　株式会社 セルバ出版
〒 113-0034
東京都文京区湯島 1 丁目 12 番 6 号 高関ビル 5 B
☎ 03（5812）1178　　FAX 03（5812）1188
https://seluba.co.jp/

発　売　株式会社 三省堂書店／創英社
〒 101-0051
東京都千代田区神田神保町 1 丁目 1 番地
☎ 03（3291）2295　　FAX 03（3292）7687

印刷・製本　株式会社 丸井工文社

Printed in JAPAN
ISBN978-4-86367-799-9